I0539810

BESTACTIVITYBOOKS.COM

ERSTE AUSGABE - Veröffentlicht 2022

Extra Grafikmaterial von: www.freepik.com
Dank an: Alekksall, Starline, Pch.vector, Rawpixel.com, Vectorpocket, Dgim-studio, Upklyak, Macrovector, Stockgiu, Pikisuperstar & Freepik.com Designers

Kostenlose Online-Spiele Entdecken

Hier Erhältlich:

BestActivityBooks.com/FREEGAMES

5 TIPPS FÜR DEN ANFANG!

1) LÖSUNG DER RÄTSEL

Die Puzzles haben ein klassisches Format :

- Die Wörter sind ohne Abstand, Bindetrich usw… versteckt
- Richtung : vor-& rückwärts, auf & ab oder in der Diagonale (beider Richtungen)
- Die Wörter können übereinanderliegen oder sich kreuzen

2) AKTIVES LERNEN

Neben jedem Wort ist ein Abstand vorgesehen zum Aufschreiben der Übersetzung. Um ihre Kenntnisse zu überprüfen und zu erweitern befindet sich am Ende des Buches ein **WÖRTERBUCH**. Suchen sie die Übersetzungen, schreiben sie sie auf, dann können sie sie in den. Puzzles suchen und ihrem Wortschatz hinzufügen.

3) ANZEICHNUNG DER WÖRTER

Haben sie schon einmal versucht eine Anzeichnung zu verwenden? Sie könnten zum Beispiel die Wörter, die schwer zu finden sind, ankreuzen, die Wörter, die sie lieben, mit einem Stern, neue Wörter mit einem Dreieck, seltene Wörter mit einem Diamant usw … anzeichnen

4) IHR LERNEN ORGANISIEREN

Am Ende dieser Ausgabe bieten wir auch ein praktisches **NOTIZBUCH** an. Ob im Urlaub, auf Reisen oder zu Hause, sie können ihr neues Wissen ganz einfach organisieren, ohne ein zweites Notizbuch zu benötigen!

5) SIND SIE AM SCHLUSS ?

Gehen sie zum Bonusbereich : **MONSTER-HERAUSFÖRDERUNG,** um ein kostenloses Spiel zu finden, das am Ende dieser Ausgabe angeboten wird !

Lust auf mehr Spaß und Lernaktivitäten? Schnell und einfach : eine ganze Spielbuchsammlung mit einem einzigen Klick erhaltbar :

Mit diesem Link finden sie ihre nächste Herausforderung :

BestActivityBooks.com/MeineNachsteWortsuche

Achtung, fertig, ... Los !!

Wussten sie, dass es auf der Welt ungefähr 7.000 verschiedene Sprachen gibt ? Wörter sind kostbar.

Wie lieben Sprachen und haben schwer daran gearbeitet, die Bücher von höchster Qualität für sie zu entwerfen. Unsere Zutaten ?

Eine Auswahl von angepassten Lernthemen, drei große Scheiben Spaß, dann fügen wir einen Löffel schwieriger Wörter und eine Prise seltener Wörter hinzu. Wir servieren sie mit Sorgfalt und ein Maximum an Freude, damit sie die besten Wortspiele lösen und Spaß am Lernen haben.

Ihre Meinung ist wichtig. Sie können aktiv zum Erfolg dieses Buches beitragen, indem sie uns eine Bemerkung hinterlassen. Sagen sie uns, was ihnen an dieser Ausgabe am besten gefallen hat !!

Hier ist ein kurzer Link, der sie zu ihrer Bewertungsseite führt

BestBooksActivity.com/Rezension50

Vielen Dank für ihre Hilfe und viel Spaß

Linguas Classics

1 - Gesundheit und Wellness #2

כ	צ	ג	ע	ב	ב	ר	ח	ף	צ	ל	ם	מ	מ	ס
ש	ב	ג	נ	ט	נ	א	פ	ש	ר	נ	ן	ש	ל	י
כ	ל	ש	ח	ט	צ	כ	ל	ח	ה	ן	ו	ק	ח	כ
ב	פ	ד	ת	ם	י	ל	ו	ח	ת	י	ב	ל	ץ	ו
ה	י	ר	ו	ל	ק	ק	א	ב	ב	מ	א	מ	ד	נ
י	י	ש	י	נ	ה	ע	ה	ם	ר	ט	י	ג	ן	י
ג	ח	ג	צ	א	ח	פ	ה	ט	י	י	ת	ן	ת	ם
ר	ד	ה	י	מ	ו	ט	נ	א	א	ו	ש	א	ז	ד
ל	י	ו	ס	י	ע	ט	נ	ג	נ	ט	ף	ר	י	ג
א	א	ד	ל	צ	נ	ת	ם	ן	ת	ר	פ	ן	ה	ס
ס	ט	ע	ס	ף	ס	ה	פ	כ	צ	ו	ג	ג	ו	ל
פ	ה	ט	ל	ר	ב	נ	ר	ש	ט	פ	ב	י	ם	ל
ח	ו	ל	י	ף	צ	נ	ד	ד	כ	ס	ש	ף	ה	ע
ג	ש	ג	ד	ב	ם	נ	ח	ד	ן	ן	א	ח	מ	נ
ט	פ	כ	מ	ה	ה	ד	נ	ט	ן	ס	מ	ח	ה	ר

אלרגיה
אנטומיה
תיאבון
דם
דיאטה
אנרגיה
גנטיקה
בריא
משקל
היגיינה

זיהום
קלוריה
בית חולים
חולי
עיסוי
סיכונים
שינה
ספורט
לחץ
ויטמין

2 - Ozean

ה ח ם צ ג ט ל ח ם ב ן ה ף צ א
ס ם ן ש ה ב ש ת י נ ו ש ן ג ב
י ם ם ר ר ג ע ב ל ב ב צ י ן ן
ר ה א ד ת מ צ ש ג ח נ ס פ ו ג
ה ס נ ש פ א ח ט ט ס ן ס ל א ו
ן ר ס צ כ מ ע ן ב ר א ב ו ה מ
ש ר ה ל ל צ פ א ל ט ח ת ד ה ל
ר ע ן פ כ ג ף ב ף ן ו ס ת ף א
י ן ו נ מ ת מ ל ח ש כ ה ר ע ס
מ פ ט צ ם ט צ ן פ נ ש י ר כ מ
פ ג ל ע ד ן ד ל ו ו י ת ן ד ם
ס ג ף ע א ת פ כ ל מ ה מ ו ח ת
ם ש ס ט ו נ ה ג צ ת מ ז ל ט פ
ט ע ד א ש ן ל ג ף ר ה ח ה ר ב
ע ג ח כ ט ת פ ס נ ט ע ל ר ט ח

תמנון
מדוזה
שונית
מלח
צב
ספוג
סערה
טונה
לוויתן
גלים

צלופח
צדפה
סירה
דולפין
דג
שרימפס
גאות ושפל
כריש
אלמוג
סרטן

3 - Krankheit

ף	ם	ס	כ	צ	א	ף	ם	ף	ן	צ	ת	ל	ח	ט
א	צ	י	צ	ר	ת	ו	ר	ש	ת	י	מ	ל	ל	ג
ל	ת	נ	ח	ב	ו	ג	פ	ד	ג	נ	ר	ד	ש	נ
ר	ב	ו	כ	ם	א	נ	ר	ע	ת	ע	ו	ה	ב	ש
ג	ח	ס	צ	ע	י	ד	י	צ	ס	צ	ט	מ	ע	ק
י	ס	ם	ע	ל	ר	ע	ק	מ	ף	פ	ף	י	ס	ן
ו	י	ן	ט	ב	ב	מ	ד	ו	ג	ט	צ	ש	ג	ת
ת	נ	ד	ל	ק	ת	ת	י	ת	ח	כ	ת	נ	צ	ט
ש	ו	ה	ו	ס	ף	פ	י	ר	י	א	ת	י	ש	ד
ט	ת	ש	פ	נ	ן	נ	ח	ף	ג	כ	ע	ף	ס	ב
ד	נ	ה	י	ד	ם	ת	ס	ד	צ	ב	ב	ר	ב	ם
ל	מ	ר	ט	מ	ם	ע	כ	א	ג	נ	ה	א	ב	ע
צ	ד	צ	ל	ם	ח	מ	ג	כ	נ	מ	ס	ת	ט	ל
נ	ו	י	ר	ו	פ	ת	י	ה	ט	פ	ם	צ	ח	ב
ט	ד	ס	ע	ל	צ	נ	ט	א	י	ל	ף	ף	ע	מ

בטן
אלרגיות
מדבק
נשימה
חיידקי
כרוני
דלקת
תורשתי
גנטי
בריאות

לב
חסינות
עצמות
גוף
נוירופתיה
ריאתי
חלש
סינוס
תסמונת
טיפול

4 - Meditation

ת	ר	ש	ו	א	ב	ש	מ	ח	מ	י	ח	ט	ס	ד
נ	כ	ה	ת	ל	מ	ל	ח	מ	ו	פ	צ	מ	ס	ר
ף	ת	ן	ע	י	ה	ו	ש	ל	ז	ר	ם	י	ל	כ
פ	נ	ס	ע	ף	ק	ם	ב	ה	י	ס	מ	ש	ב	ש
ת	מ	פ	ד	כ	ד	ה	ו	מ	ק	פ	ע	ם	מ	ה
פ	ע	כ	ש	צ	ע	מ	ת	ו	ה	ק	פ	ב	ס	ח
ה	כ	ר	ת	ת	ו	ד	ה	ח	ד	ט	ן	ה	מ	ב
ק	ב	ל	ה	ף	ג	ה	ת	ר	מ	י	מ	י	ם	ס
ט	ן	ב	ג	ח	ר	ב	נ	ב	ם	ב	ן	ר	ג	נ
נ	ף	ן	ף	ס	ס	א	ס	ת	מ	ה	כ	ו	מ	פ
ם	ת	נ	ו	ע	ה	ח	ש	ן	ע	ת	נ	ת	ר	ה
צ	ה	נ	ת	ב	ת	ס	ת	ג	ט	ב	ב	צ	א	ב
ם	פ	ם	ת	ט	א	ד	ו	מ	ל	ל	ר	ג	נ	ן
ד	מ	ם	ג	ף	ג	כ	ס	כ	א	ע	ר	ף	ס	א
ד	א	צ	ת	ו	ב	נ	ה	ן	ם	ש	ם	מ	ג	ם

בהירות
ללמוד
חמלה
מוזיקה
טבע
פרספקטיבה
רגוע
שתיקה
מוח
ער

קבלה
תנועה
הכרת תודה
תובנה
חסד
שלום
מחשבות
נפש
אושר
יציבה

5 - Archäologie

ן	ג	צ	ש	ב	צ	צ	ע	ט	ט	ש	נ	ע	ה	פ
ן	ב	פ	ד	ר	ד	ד	ל	י	ם	כ	פ	ח	ן	ן
ת	ו	ו	צ	ק	י	ח	א	ב	ד	ל	ג	ח	ח	ש
א	ע	נ	ן	ו	ס	ד	י	צ	ף	ן	ב	ו	א	מ
ו	ן	ל	ג	ח	צ	נ	ד	ט	ח	נ	ג	ת	ע	פ
ב	ל	ר	ו	ט	ן	ס	ו	ס	ת	ג	ג	י	ת	ב
י	ם	ם	ע	מ	מ	ת	ע	ס	ח	א	ף	נ	י	ח
י	צ	ם	ת	ס	ה	פ	ר	ו	פ	ס	ו	ר	ק	ב
ק	ג	נ	ן	נ	ח	ס	ס	ט	ג	ן	ח	ג	ו	ת
ט	ה	א	ן	א	מ	ב	א	ב	ת	ג	ח	ע	ת	ל
י	ח	ר	ת	ת	ו	ג	ם	מ	א	ת	ס	צ	ט	ד
ם	ח	א	פ	ה	מ	ע	ב	ר	ר	ד	צ	מ	ן	נ
צ	א	צ	א	ק	פ	מ	ה	ע	ר	כ	ה	ו	מ	ס
מ	ק	ד	ש	ב	מ	ן	מ	ח	ח	ת	ע	ת	ס	ן
ם	א	ח	כ	ר	צ	י	ב	י	ל	י	ז	צ	י	ה

עצמות
צוות
צאצא
אובייקטים
פרופסור
שריד
מקדש
לא ידוע
ציביליזציה

ניתוח
עתיקות
הערכה
עידן
מומחה
חוקר
מאובן
תעלומה
קבר

6 - Gesundheit und Wellness #1

ט	פ	נ	פ	ט	ה	ש	ב	ב	ט	ש	א	צ	ת	ן
ל	צ	ר	כ	ח	ה	א	פ	ר	מ	ם	ן	ף	ע	ע
ד	י	א	ו	פ	ר	ר	כ	ו	ת	ב	ח	ן	צ	ת
ב	ע	ר	נ	פ	ה	ב	ג	ע	ן	ע	א	צ	ב	כ
ר	ה	ב	ו	ג	ג	ש	נ	ל	ר	ע	צ	מ	י	ן
ו	פ	ל	כ	ש	ש	ח	ע	ו	ח	ס	ע	מ	ם	ם
ט	ף	ו	ל	א	ן	ם	ד	פ	ח	א	ב	ט	ו	ן
ק	כ	ד	א	פ	ע	י	ל	י	פ	ע	ן	ס	ה	ת
ו	ש	ע	נ	ה	ג	ח	ד	ט	נ	ס	ף	ב	ו	ע
ד	ס	ד	נ	ד	ע	ח	י	י	ד	ק	י	ם	ר	ג
ה	ר	פ	י	ה	ת	ר	ה	ח	פ	ל	ג	ל	מ	צ
ב	י	ת	מ	ר	ק	ח	ת	ט	ח	פ	נ	ס	ו	ל
ה	ף	ש	ף	ד	כ	ב	מ	ע	ט	ר	צ	ר	נ	ר
ש	מ	ט	ח	ח	ע	מ	ה	ן	א	ג	ת	ח	י	א
ן	ן	ט	ג	ש	א	כ	ל	נ	ג	ע	ג	ע	ם	ר

פעיל
בית מרקחת
דוקטור
חיידקים
הרפיה
שבר
הרגל
עור
הורמונים
גובה

רעב
מרפאה
עצמות
רפואה
רפואי
עצבים
רפלקס
טיפול
פציעה
נגיף

7 - Obst

ב	ת	פ	ו	ח	מ	ם	ה	ש	ם	פ	נ	ט	ן	פ
ר	נ	א	ה	ף	ב	ש	ט	ה	צ	ב	ק	ב	א	ט
י	פ	ש	ל	פ	ם	ג	מ	ח	ף	ת	ט	נ	פ	ל
ו	פ	כ	כ	ש	ר	פ	ת	ש	ן	פ	ר	נ	ר	צ
ו	א	ו	ח	ז	ן	פ	ג	ן	ס	ם	י	ה	ס	מ
י	י	ל	צ	י	א	ב	ו	ק	ד	ו	נ	צ	ק	ף
ק	ה	י	ע	ף	נ	ח	ד	נ	ה	ת	ה	ש	ה	נ
כ	ח	ת	ב	נ	ף	צ	ה	ב	ן	כ	נ	ה	ם	ס
כ	א	ב	מ	ם	צ	פ	ן	ן	ו	מ	י	ל	ה	ן
נ	ע	ג	א	נ	נ	ס	ד	ש	ל	ד	ף	ב	פ	ט
ע	ע	מ	ס	ו	ק	ו	ק	ה	מ	ן	מ	צ	ה	נ
כ	ע	ף	מ	א	א	ד	ב	ר	ע	ס	ד	ט	מ	ם
ת	ם	פ	א	ע	ג	נ	פ	צ	ח	מ	ר	א	כ	ט
ן	ר	ג	ש	ד	ם	ה	כ	ט	ש	פ	ם	ח	ס	ת
מ	נ	צ	ד	מ	ע	ת	ר	ג	ב	מ	פ	ת	ש	מ

אננס
תפוח
משמש
אבוקדו
בננה
ברי
אגס
אשכולית
פטל
דובדבן

קיווי
קוקוס
מלון
נקטרינה
כתום
פפאיה
אפרסק
שזיף
גפן
לימון

8 - Universum

א	ם	ג	ח	א	א	ס	ט	ר	ו	נ	ו	מ	י	ה
ו	ג	ל	ק	ס	י	ה	ח	ס	ט	ף	ף	ת	ן	ט
ו	ע	ר	ה	ד	ט	מ	ג	ר	ש	ר	ק	י	ע	ס
י	ט	ח	ו	ש	ך	ס	ד	נ	ב	ס	ה	צ	ג	ל
ר	ש	צ	ו	ב	ל	ל	י	ש	כ	ך	פ	צ	ת	כ
ה	ד	ד	ש	ק	פ	ו	א	ס	ט	ר	ו	נ	ו	ם
ש	ר	ד	מ	ר	כ	ל	ו	ל	ן	ו	ק	ס	ל	ח
ה	ג	ג	ה	פ	א	ר	ר	י	צ	א	ס	ב	ז	צ
ק	מ	א	ו	ר	ט	ע	ט	ר	מ	ט	ל	ד	מ	ם
ר	ו	י	ק	ת	נ	ח	ס	ח	ת	ס	ט	ש	ה	כ
פ	נ	ר	ס	ן	ן	נ	א	ה	י	פ	ו	ך	ל	ג
א	ט	צ	ו	פ	ג	ל	ו	י	ל	ד	מ	ק	ג	פ
ט	ש	ה	ד	ח	ר	ג	ם	ח	ה	ל	ט	ב	ל	ט
ט	ס	ף	ג	ס	ב	ה	ל	ם	פ	ט	נ	ן	ג	ם
ש	ד	ש	נ	ֶ	צ	ַ	ח	ה	ם	ד	ם	כ	ש	כ

רקיע
אופק
קוסמי
אורך
ירח
מסלול
גלוי
היפוך
טלסקופ
גלגל המזלות

אסטרואיד
אסטרונום
אסטרונומיה
אווירה
נֶצַח
קו המשווה
קו רוחב
חושך
גלקסיה
המיספרה

9 - Camping

ם	ד	נ	ן	ד	מ	ר	ה	כ	ת	ף	ב	צ	פ	ה
ת	ח	ש	ן	ח	ר	ק	ר	ן	פ	נ	י	מ	ן	ף
ם	מ	ח	א	ף	ת	ת	ל	כ	ע	ד	ד	מ	ל	א
ל	ס	ר	ע	פ	ה	פ	מ	פ	ן	א	ג	ה	א	נ
ל	ף	ה	ר	ל	ה	ו	א	ף	ה	ש	נ	ח	ע	ח
ד	ע	ה	ש	פ	מ	ת	ף	ב	ס	כ	צ	ט	ט	ד
כ	ר	ד	ח	ס	צ	נ	ע	ג	ש	פ	ד	ד	ר	נ
ש	ט	ס	א	צ	פ	ב	צ	מ	ם	כ	ח	ב	ף	ל
צ	ף	ס	ע	ב	ן	ר	כ	ש	ה	ם	ג	ג	כ	ב
ל	ג	ל	ס	ג	ע	ר	ע	י	ח	ש	פ	י	ר	ח
ס	כ	כ	פ	ף	כ	ו	ב	ע	ק	א	נ	ו	י	ר
ב	ן	צ	פ	נ	ם	ל	ט	כ	ר	ת	ס	ו	ן	צ
ן	ס	ע	ל	צ	ב	מ	מ	ף	י	כ	ת	ם	ג	א
ד	ת	צ	ג	כ	מ	ח	ד	ג	ף	ש	ן	ד	ס	ד
ג	ר	ב	ם	ר	ר	צ	צ	ם	מ	ף	ה	פ	ט	ן

הרפתקה
הר
אש
ערסל
כובע
חרק
ציד
תא
קאנו
מפה

מצפן
פנס
ירח
טבע
אגם
חבל
כיף
חיות
יער
אוהל

10 - Zeit

ע	ש	ש	ג	י	נ	פ	ל	ע	ן	ל	ו	מ	ת	א
ש	נ	ד	נ	ס	ו	א	ן	ת	ט	ו	צ	ם	ה	נ
ו	ה	ו	ר	ת	פ	ם	ד	י	ג	ח	ר	ב	ף	ט
ר	ל	ח	ט	פ	י	ג	י	ד	ד	ש	ש	ע	ו	ן
ק	ה	ג	מ	צ	כ	ש	ג	י	כ	נ	ס	ה	ל	ה
ו	י	ח	ל	ח	ן	ד	ח	ם	ר	ה	ל	י	ל	ד
ב	ו	ל	א	ח	ר	ס	צ	ן	ב	ה	ע	ש	ג	ש
ש	ם	ת	א	מ	ף	ת	פ	ף	מ	ק	צ	ד	נ	ס
ג	נ	ר	ס	ה	ב	ס	ל	ם	מ	ד	נ	נ	נ	כ
ע	כ	ה	ם	ש	ג	כ	ס	ף	ת	ש	ע	ם	ה	ף
ה	ח	ס	ע	כ	ח	ג	א	ת	פ	ב	א	ט	פ	מ
ב	ה	ס	מ	ב	א	ל	ד	ד	ד	ו	ף	ב	ה	ה
נ	מ	צ	ם	כ	ב	ן	ע	ג	ת	ע	ן	מ	א	ה
ש	ת	ש	ג	ה	מ	צ	נ	ג	ף	ע	כ	ש	י	ו
ד	נ	ס	ן	ף	ס	ס	ע	ר	ל	ד	נ	ב	ת	ף

אתמול
היום
שנה
מאה
עשור
שנתי
עכשיו
לוח שנה
דקה
צהריים

חודש
בוקר
לאחר
לילה
שעה
יום
שעון
לפני
שבוע
עתיד

11 - Säugetiere

ר	ש	צ	ף	כ	נ	ל	ו	ו	י	ת	ן	ר	נ	א
ח	כ	ט	ר	ק	נ	ג	ו	ר	ו	ש	א	ש	ר	ר
ל	ף	ת	ל	מ	ף	כ	ל	ב	א	ז	ל	י	ע	ד
כ	ט	ע	ט	ר	מ	נ	ר	ו	ב	ת	ה	ש	ת	נ
ש	ח	ב	ם	ש	ו	ע	ל	ד	ר	ס	צ	ב	ד	מ
ו	ר	ז	ם	ד	ב	מ	א	ש	ם	ג	צ	ב	ל	ן
ר	א	ב	ת	א	פ	ם	פ	ם	ה	נ	ו	ת	ת	ע
נ	ן	ר	ז	מ	ם	ן	נ	ף	ש	נ	ס	ט	ה	צ
ר	מ	ה	ם	ן	ף	א	ת	ב	ה	נ	צ	א	א	נ
ת	א	ח	ס	ר	פ	א	ר	ה	ל	י	ר	ו	ג	ה
ח	ל	ק	ו	ף	א	פ	ן	פ	י	ס	מ	ן	ם	ם
מ	ט	ת	ס	א	ן	ן	ט	ר	פ	ל	ב	ר	כ	ם
ח	ד	ה	ר	פ	ח	ן	א	י	פ	ם	י	ש	ב	כ
פ	ר	ר	כ	מ	ל	ד	נ	ג	כ	ש	ע	פ	נ	ל
ג	ת	ש	ש	ו	ר	ב	כ	ע	נ	ם	ג	ה	צ	מ

אריה	קוף
פנתר	דוב
סוס	בונה
עכברוש	פיל
כבשים	שועל
שור	ג'ירפה
נמר	גורילה
לוויתן	כלב
זאב	קנגורו
זברה	זאב ערבות

12 - Algebra

ד	נ	ט	ש	פ	ל	ב	מ	א	ע	ש	ג	מ	כ	ש
ת	ס	מ	ק	ג	ב	ד	ט	ת	ש	מ	ב	כ	מ	ם
ח	ג	ף	ר	ג	ס	ג	ר	צ	ב	ע	ף	ט	פ	מ
א	פ	ב	ם	ר	ו	ג	י	ף	ב	ר	פ	ס	מ	א
ב	כ	מ	ו	ת	ב	ש	צ	ג	מ	י	ף	פ	ל	י
א	ע	פ	כ	ה	ם	ש	ה	א	ר	ך	ל	א	ג	נ
צ	ח	י	ס	ל	י	נ	י	א	ר	י	ה	ג	א	ס
ס	ח	ח	ה	ח	ס	ו	נ	ד	ן	ן	ט	מ	ן	ו
ש	ב	א	א	מ	ר	ף	ח	ד	פ	ג	ן	כ	ע	פ
נ	ש	ב	ו	מ	ס	כ	ר	ח	ב	ת	ה	צ	ל	י
ד	ע	ג	ו	נ	פ	ש	כ	מ	ס	ם	ר	א	כ	מ
נ	ף	ת	ש	ם	נ	ח	י	ס	ו	ר	ר	ו	ם	ט
ר	ח	פ	מ	ן	ר	צ	נ	ה	ד	ט	מ	ע	ן	ג
ח	ג	ח	ר	ד	ת	ר	ש	י	ם	ן	נ	ג	מ	ד
ת	ה	ף	ח	מ	ש	ת	נ	ה	כ	מ	ף	ם	פ	ל

שבר
תרשים
מעריך
גורם
שקר
נוסחה
משוואה
גרף
ליניארי
פתרון

מטריצה
כמות
אפס
מספר
בעיה
חיסור
סכום
אינסופי
משתנה
לפשט

13 - Diplomatie

ג	א	ז	ר	ח	י	ם	א	ד	ט	ס	נ	ד	צ	ש
ן	נ	ח	צ	ת	פ	ם	ת	י	צ	ר	ג	מ	ב	י
ע	ס	ר	ם	ס	ט	ד	י	פ	ם	ח	ב	מ	פ	ת
ל	ל	ר	ט	ת	ם	י	ק	ל	ח	ר	מ	ר	ח	ו
ב	י	ט	ח	ו	ן	ו	ה	ו	פ	ת	ר	ו	ן	ף
ף	ע	ס	ס	ש	ט	ן	ח	מ	ף	ו	ל	ד	א	פ
א	צ	ל	ל	ג	ת	ף	ר	ט	ב	ר	ש	ס	ל	ע
ד	ס	ד	ה	נ	מ	א	ץ	י	ס	י	כ	נ	ד	ו
ן	ט	מ	ק	ת	ף	מ	ע	ף	ר	ר	ע	צ	ג	ל
ק	ע	ט	י	ה	ר	ש	ו	י	ז	ג	כ	צ	ל	ה
ת	ה	ן	ט	ד	ר	ט	י	ד	ר	ש	ש	ף	ף	ת
ט	מ	י	י	ה	ו	מ	נ	י	ט	ר	י	פ	א	ל
צ	ן	ע	ל	ש	ש	ג	פ	צ	ן	ל	ש	פ	ו	ת
ר	א	ה	ו	ה	נ	ט	ע	מ	ש	ל	ה	ה	ת	פ
ט	ט	ף	פ	צ	ר	ד	ם	ן	ד	ט	ש	א	ט	ת

זר
יועץ
שגרירות
שגריר
אזרחים
דיפלומטי
דיון
אתיקה
קהילה
צדק

הומניטרי
יושרה
התנגשות
פתרון
פוליטיקה
ממשלה
ביטחון
שפות
אמנה
שיתוף פעולה

14 - Astronomie

נ	א	צ	ק	כ	ו	כ	ב	ש	ב	י	ט	ש	ק	כ
מ	פ	ס	ה	ו	ס	ו	פ	ר	נ	ו	ב	ה	ב	ד
ב	ב	ד	ט	ח	ס	ת	ב	ל	ד	ל	א	ם	ו	ו
ת	ת	ג	ק	ר	פ	מ	ב	ש	כ	ב	ס	ת	צ	ר
ט	י	כ	ר	י	ו	כ	ו	מ	ף	ש	ט	מ	ת	ה
ו	ל	כ	ס	ן	נ	נ	כ	ס	א	ע	ר	ט	כ	א
א	י	ס	פ	י	ן	ט	ו	נ	ר	נ	ו	א	ו	ר
נ	פ	ד	ק	י	כ	ד	ע	ם	ק	ת	א	ו	כ	ץ
ו	ר	ב	ף	ו	נ	א	ר	ש	י	ף	י	ר	ב	ג
ר	ע	א	א	ו	פ	ל	ד	ג	ע	נ	ד	ן	י	ן
ט	ג	ל	ג	ל	ה	מ	ז	ל	ו	ת	ח	ח	ם	ש
ס	כ	ע	ם	ל	ל	ל	צ	ר	ה	ב	ן	ד	ו	ע
א	ה	ג	מ	כ	מ	ט	ש	פ	כ	ד	ט	ף	ק	ב
ה	מ	צ	פ	ה	כ	ו	כ	ב	ל	כ	ת	כ	י	ה
ד	ד	כ	ס	צ	ב	ד	ל	נ	ס	ת	ג	ד	מ	ד

אסטרואיד
אסטרונאוט
אסטרונום
כדור הארץ
רקיע
כוכב שביט
קבוצת כוכבים
קוסמוס
מטאור
ירח

ערפילית
המצפה
כוכב לכת
רקטה
לוויין
כוכב
סופרנובה
טלסקופ
גלגל המזלות
יקום

15 - Ballett

ש	נ	מ	ע	ר	א	ף	ס	ם	ת	ס	מ	ק	פ	צ
צ	ח	פ	ג	צ	ש	ף	א	י	פ	ש	ו	צ	נ	ר
ה	י	פ	ר	ג	ו	א	י	ר	ו	כ	ז	ב	ף	ח
ף	צ	ת	א	ק	ס	ן	צ	י	ש	צ	י	ת	צ	ס
ג	ב	ע	ת	ן	ד	ח	ע	ר	ב	ט	ק	ב	צ	כ
ח	ה	ו	ו	ח	מ	נ	נ	ש	פ	צ	ה	ת	ג	פ
פ	צ	צ	ל	ם	א	ת	י	ם	ן	ף	ק	נ	פ	מ
ת	צ	מ	ח	י	נ	נ	י	ם	ס	כ	ב	ה	ג	ע
ו	ג	ת	א	מ	נ	ו	ת	י	ג	ף	מ	ה	ל	ת
נ	ם	ת	ר	ג	ו	ל	ט	כ	נ	י	ק	ה	ל	ר
מ	ד	ת	צ	ב	ם	ג	ט	ת	ף	ט	ש	א	ף	פ
ו	ל	ס	ע	ם	ט	ס	ו	ל	ו	ח	ן	פ	ח	ת
י	ר	ח	ן	ט	צ	ף	ע	ט	א	ז	ב	ף	ג	צ
מ	ת	ע	י	ב	מ	ד	ל	ר	ת	ר	ו	מ	ז	ת
ג	ב	פ	ם	ן	ו	נ	ג	ס	כ	ה	ל	ם	ח	ג

תזמורת
תרגול
חזרה
קהל
קצב
סולו
סגנון
רקדנים
טכניקה

חינני
מביע
כוריאוגרפיה
מיומנות
מחווה
עוצמת
מלחין
אמנותי
מוזיקה
שרירים

16 - Strand

ש	פ	ה	ע	ט	ה	צ	ט	מ	ס	ל	צ	ף	ג	ם
ס	ב	ס	ע	ס	ם	ש	ף	ף	נ	פ	צ	ה	ף	כ
ל	ד	ר	ע	ם	א	ף	מ	ע	ד	ת	ף	ד	ח	מ
ש	ל	ט	ח	ו	ל	ש	מ	ש	ל	ר	ה	ט	ו	ם
צ	ו	ן	ט	ם	ח	ט	ע	ה	י	ר	ט	מ	פ	ס
צ	ח	נ	ם	ל	ח	ל	ד	ת	ם	ש	ף	ד	ש	ח
ט	כ	ס	י	א	ש	ן	מ	ת	א	ה	פ	ע	ה	ח
ס	י	ר	ה	ת	ח	ח	ם	ב	ע	א	כ	ם	ג	ו
מ	מ	נ	נ	ת	ב	ע	ו	ן	ג	ו	ר	ן	פ	ף
ם	מ	פ	ו	ר	ה	ג	ע	ת	ן	ק	א	ת	א	ב
ה	כ	ם	ג	ד	ד	ה	מ	ה	ם	י	ד	ת	ר	ב
ר	ף	ט	ל	מ	פ	ר	ש	י	ת	י	ר	ב	ג	צ
א	ב	א	ת	ם	ד	ב	א	פ	ש	נ	פ	ת	כ	כ
ש	נ	צ	כ	ם	ן	ט	ם	ע	צ	ו	ד	ח	ט	ס
פ	ד	פ	ל	ל	ר	פ	ף	ף	ג	ס	פ	ף	ש	ב

אוקיינוס
מטריה
שונית
חול
סנדלים
לשחות
מפרשית
שמש
חופשה

כחול
סירה
עגן
מגבת
אי
סרטן
חוף
לגונה
ים

17 - Geologie

ס	ב	ס	מ	ח	מ	נ	ף	ש	ח	ב	ף	ן	ע	ח
ם	ט	ע	ט	פ	ח	ט	א	ס	ן	ב	פ	צ	ת	ל
ה	ר	נ	נ	ס	ז	י	ף	ת	נ	צ	ח	ש	ג	ב
ה	כ	נ	צ	ח	ו	ף	ח	ר	כ	ה	צ	מ	ו	ח
ף	פ	צ	צ	ל	ר	ר	ע	י	ד	ת	א	ד	מ	ה
ס	מ	ת	ר	ש	י	פ	ה	ס	פ	ב	ת	מ	ל	ח
פ	ב	ש	כ	ע	ם	ם	ן	ף	ר	ע	מ	פ	א	ג
ג	ן	ב	א	ג	ח	ג	ן	ק	ו	ו	ר	ץ	ס	ח
ר	מ	י	נ	ר	ל	י	ם	ע	ת	ן	ב	ו	א	מ
מ	ב	כ	ז	ה	ש	ס	ס	כ	ף	ד	ח	כ	ת	ע
ה	פ	י	ב	ק	ס	ד	ת	נ	נ	י	ר	ו	ז	א
ה	י	ט	ב	י	ח	ט	ד	צ	נ	ס	ש	ג	מ	ד
ג	ת	ל	ר	ח	נ	ן	ת	ף	ג	ש	ר	ש	ה	ל
ר	ע	ב	מ	ש	צ	ן	ת	ר	מ	א	ט	א	ן	ת
ם	ס	ה	ר	ל	כ	כ	ע	פ	ף	ם	ח	מ	צ	ם

מינרלים
רמה
קוורץ
מלח
חומצה
נטיף
אבן
הר געש
אזור
מחזורים

רעידת אדמה
שחיקה
מאובן
מותכת
גייזר
מערה
סידן
יבשת
אלמוג
לבה

18 - Wissenschaft

ד	ב	נ	ת	ו	נ	י	ם	ש	א	א	ח	מ	א	ן
ב	א	ע	נ	ח	כ	ד	א	ל	ו	ש	ם	ט	ש	ב
א	ם	ד	ה	ל	ד	ג	ק	ל	ר	ב	צ	ל	ן	נ
כ	מ	ג	ט	ק	ה	ר	ל	ס	ג	מ	ט	ט	ף	ד
ף	י	א	י	י	י	ה	י	נ	נ	ש	ח	ף	ד	ס
ל	נ	ט	ש	ק	צ	ז	ם	ג	י	צ	ע	נ	צ	ר
ט	ר	פ	ת	י	ו	ס	י	נ	ז	כ	נ	ש	ש	מ
ב	ל	מ	ש	ם	ל	ב	ל	פ	ם	ם	ס	ט	ס	ט
ע	י	ע	ב	ו	ו	ף	נ	ה	ג	ם	ב	ם	ת	ר
ף	ם	פ	ף	ט	ב	ב	ם	מ	נ	י	ע	פ	צ	ט
ע	ש	א	נ	א	א	ה	ס	מ	ע	ח	פ	מ	כ	ם
צ	ו	ס	ף	ר	ב	ן	ב	ו	א	מ	ה	ע	י	כ
ן	ת	ב	ג	ד	ע	ל	כ	ר	ס	צ	ש	ב	מ	ד
מ	ן	ע	ד	מ	ו	ל	ו	ק	ל	ו	ת	ד	י	נ
ס	ם	פ	ח	ה	ע	ף	נ	ג	ט	ד	ל	ה	ע	נ

אטום
כימי
נתונים
אבולוציה
ניסוי
מאובן
הנחה
אקלים
מעבדה
שיטה
מינרלים
מולקולות
טבע
אורגניזם
חלקיקים
צמחים
פיזיקה
עובדה
מדען

19 - Bildende Kunst

מ	ל	ב	נ	ג	א	ע	ט	ג	ח	נ	ף	ר	ט	ר
ל	נ	פ	צ	ה	י	ד	ם	צ	ס	ט	כ	א	א	ף
ה	ט	ם	ם	פ	ע	ם	ד	ש	ד	נ	ן	ט	א	ט
א	נ	א	ר	נ	ט	י	ח	ֶ	ֶ	ר	ס	ס	פ	ד
מ	ח	ו	ט	מ	ו	ח	ש	ן	ת	י	ר	ף	ח	צ
ן	ן	כ	ד	ק	פ	פ	מ	ר	נ	ג	ט	ת	ף	נ
ן	ג	ת	ן	ח	ד	ח	ת	ו	י	ת	ר	י	צ	י
ן	ה	ו	ו	ע	ש	ת	פ	ו	מ	ת	ר	י	צ	י
ג	כ	ל	ה	ן	ק	ה	ב	י	ט	ק	פ	ס	ר	פ
ש	ל	כ	ב	נ	ר	ט	כ	ט	ר	ו	י	צ	ן	כ
ן	י	י	פ	ל	מ	ת	ר	ן	ו	ח	ל	ח	פ	ת
ס	ס	ר	פ	ר	י	פ	ה	ד	י	ד	ן	ח	א	ב
נ	נ	ד	ס	ף	ק	ה	ם	פ	צ	ג	ם	ש	ף	ן
ר	ט	א	ג	ה	ה	ע	ן	ל	ד	ע	ף	צ	פ	ס
ב	ס	ד	ב	ט	ף	ר	מ	מ	פ	ס	ם	ט	ח	ר

אדריכלות
עיפרון
סרט
ציור
פחם
קרמיקה
יצירתיות
גיר
אמן
לכה
יצירת מופת
פרספקטיבה
דיוקן
סטנסיל
כן ציור
עט
חֶרֶס
שעווה
הרכב

20 - Sport

ש	מ	מ	ף	נ	ת	ש	ר	כ	ש	ר	ע	נ	ל	ד
מ	ט	ר	ה	ב	ב	ט	כ	ג	ס	ת	כ	מ	י	ב
ת	ב	ן	ף	ט	ט	מ	צ	ח	ב	ת	ק	א	ה	ר
ה	ו	ף	ג	ר	ט	ת	ש	צ	כ	ס	ט	א	ם	נ
ס	ל	ל	ב	ו	כ	ל	י	ד	ם	ה	ד	ר	ח	ט
ס	י	ב	ו	ל	ת	צ	ש	ר	י	ר	י	ם	צ	פ
פ	א	ה	ר	ד	ס	צ	ה	ח	כ	ת	ח	ב	ן	פ
ו	ט	ח	א	א	פ	נ	צ	פ	ו	ד	ו	ק	י	ר
ר	ן	מ	א	מ	ו	ן	י	ג	ל	ת	ו	ח	ש	ל
ט	ה	ע	ד	ז	ר	ת	ר	ו	ת	ו	ש	ס	א	ר
כ	ל	ס	ת	ת	ט	ט	ס	ף	ם	מ	א	ף	ל	ט
ף	צ	ב	ה	ש	א	ן	ת	ג	ט	צ	ן	ח	ו	כ
ת	י	נ	כ	ת	י	ב	ד	כ	צ	ע	ד	פ	ר	ב
ג	ד	צ	ם	ד	ם	ע	ס	ד	ה	מ	ס	ת	ס	מ
ח	ן	פ	ת	נ	ע	ב	ע	ת	ו	א	י	ר	ב	ת

למקסם
מטבולי
שרירים
תכנית
לשחות
ספורט
כוח
ריקוד
מאמן
מטרה

ספורטאי
סיבולת
דיאטה
תזונה
יכולת
בריאות
ריצה
לב וכלי דם
עצמות
גוף

21 - Mythologie

ם	א	ד	ם	ג	ח	ל	ת	ב	ן	מ	ר	נ	כ	ע
ל	ן	ף	ן	ב	כ	ל	ת	ו	ג	ה	נ	ת	ה	ר
כ	כ	ח	ח	ש	צ	ש	ר	ו	ב	י	ג	ר	ה	ב
ל	ל	צ	ם	ג	נ	ן	ב	ש	פ	פ	ה	ם	פ	ס
ת	א	ר	ע	ם	ה	ך	ו	ב	מ	נ	ס	י	ע	ה
ד	ח	ש	ל	כ	ע	מ	ת	ח	ם	פ	ד	צ	ג	ג
ה	צ	ה	ל	ו	ה	מ	א	א	צ	ם	ת	י	ב	א
י	צ	ו	ר	ח	ם	ח	כ	ש	א	י	ת	ר	מ	ת
א	ג	ד	ה	ס	ד	ן	ג	ף	ה	כ	נ	ה	פ	כ
ב	ן	ת	מ	ו	ת	ה	ן	ש	ב	ע	ש	ד	ל	כ
ם	ע	ג	ק	פ	מ	כ	ע	פ	מ	ר	צ	ה	צ	ר
מ	ש	ת	נ	י	ס	כ	ש	ח	ק	מ	ק	צ	ת	ר
ט	ש	ל	צ	ט	נ	ֶ	צ	ַ	ח	נ	פ	ש	ב	כ
ל	ו	ח	ם	ב	צ	ה	א	ס	ו	ן	א	ל	ח	א
ט	ש	ר	נ	א	ע	ק	ס	ו	ם	ה	ת	ה	ף	ן

אבטיפוס
ברק
רעם
קנאה
גיבור
אסון
יצירה
יצור
לוחם
תרבות

מבוך
אגדה
קסום
מפלצת
נקמה
כוח
בן תמותה
ניצחון
נֶצַח
התנהגות

22 - Restaurant #2

ע	ש	ל	ר	ע	צ	ד	ם	מ	ן	ן	ע	ף	ה	ר
ט	ט	ן	ת	ו	ק	ר	י	ת	ט	ם	ם	כ	ם	ס
ת	ר	ת	ו	ג	ר	א	י	א	ה	ף	ב	י	ט	א
נ	ס	ם	י	ה	מ	ת	ר	ב	ה	ן	מ	ס	ע	ם
ה	ר	ט	ר	ן	ס	נ	ה	ן	ש	ר	ד	א	ט	ט
ב	ף	ן	ט	ף	צ	ד	צ	פ	ת	נ	ג	מ	ל	ג
א	י	ח	א	מ	ל	ה	ת	פ	ע	כ	ס	ה	נ	ל
ף	פ	צ	ב	ר	ע	ת	ח	ו	ר	א	מ	י	ם	ז
ד	ע	ה	י	ג	ס	ב	ו	ר	ל	נ	ל	ש	ל	מ
ש	ף	ת	צ	ם	ח	ל	ר	ם	ק	ס	כ	ב	ת	ל
ח	ט	ע	ת	מ	ה	י	א	ם	ט	ן	ם	ס	ב	ח
ד	פ	ן	ה	ט	ת	נ	פ	י	ר	ו	ת	ל	מ	ם
ג	ל	ף	ף	צ	כ	י	ח	ת	מ	מ	א	ט	ל	ט
פ	ב	ג	ט	ר	ט	ם	ף	מ	ל	א	ה	א	צ	ר
ס	ת	פ	ף	א	ה	צ	ד	ת	ת	ט	מ	ם	ר	ף

ארוחת ערב
ביצים
קרח
דג
פירות
מזלג
ירקות
תבלינים
מלצר
טעים

עוגה
כף
ארוחת צהריים
אטריות
סלט
מלח
כיסא
מרק
מתאבן
מים

23 - Schokolade

ט	ד	א	ב	ת	ל	ע	ה	ג	ד	ח	א	ס	ע	א
ס	ם	ק	ו	ת	מ	א	ש	ף	ר	ה	ף	מ	ט	א
ו	ן	ז	א	ו	ר	ת	ל	ם	ת	ע	ת	ה	נ	ע
כ	פ	ו	צ	י	ק	ה	צ	ט	ף	נ	כ	ם	צ	ב
ר	ף	ט	נ	ר	ד	ק	פ	מ	ן	ה	ר	פ	א	ל
ף	ע	י	ת	ו	ן	ב	ק	נ	ש	ר	ד	נ	א	ט
ט	ר	ח	ח	ל	ג	מ	ת	א	מ	ר	כ	י	ב	ע
א	ד	ה	ן	ק	ן	ד	ל	ח	ו	ט	כ	ב	ש	ם
י	ק	ו	ק	ו	ס	ל	ח	א	א	ם	ט	ו	ה	י
כ	צ	ף	פ	ט	נ	ל	צ	מ	ם	ח	ל	ט	ת	ע
ו	ד	כ	ת	ת	ה	ש	ב	נ	צ	ט	ש	נ	ן	ט
ת	ו	ק	ק	ו	ת	ש	ה	א	א	ו	ר	י	ר	מ
ה	מ	ת	כ	ו	ן	ס	ה	ה	ר	ב	ן	ם	מ	ג
ל	א	כ	ו	ל	ת	ל	ב	ו	ס	א	ק	ע	ף	ה
ש	ס	ף	פ	ן	ם	ע	ש	ב	ף	ל	ג	ה	ר	א

קוקוס
טעים
אבקה
איכות
מתכון
מתוק
השתוקקות
סוכר
מרכיב

נוגד חמצון
מריר
בוטנים
לאכול
אקזוטי
אהוב
טעם
קקאו
קלוריות
קרמל

24 - Boote

ח	מ	ם	ח	ב	מ	ת	ת	ת	ש	ר	מ	צ	ט	צ
א	ע	ה	ב	ב	ט	פ	ת	ה	ט	ל	נ	פ	נ	ב
ג	ע	כ	ל	ד	כ	צ	ר	ף	ס	ב	ו	ה	כ	מ
ם	י	ע	ל	ח	נ	ה	ר	ש	ס	ן	ע	ד	ן	ת
ר	פ	ס	ו	ד	ה	א	ק	א	י	ס	ן	מ	ה	פ
פ	ע	ו	ם	ה	ג	ש	י	ה	מ	ת	ג	ח	ע	א
ח	ח	נ	ג	ש	א	ס	א	ה	י	ר	ר	ס	ג	ג
צ	ת	י	נ	ם	נ	ר	ק	ס	צ	ו	א	מ	ן	ט
ג	ל	י	י	א	כ	ט	ה	צ	ף	ב	מ	צ	נ	פ
ת	ח	ק	ח	צ	פ	א	ל	ס	ה	ע	צ	ד	ף	ד
צ	כ	ו	ר	ר	ע	ת	ס	ט	פ	מ	ו	ת	ב	ן
ו	ג	א	ק	ש	צ	מ	ה	ם	ר	ד	ף	כ	ח	ע
ו	ח	ל	ח	א	ר	ל	ת	נ	ח	פ	ל	ט	ד	ו
ת	ה	ף	י	ג	נ	ח	צ	ב	ם	ה	ב	פ	ח	ג
ל	פ	נ	ס	ם	נ	ו	ת	ו	ר	ן	ס	ע	ף	ן

ים
מנוע
ימי
אוקיינוס
אגם
מלח
מפרשית
חבל
גלים
יאכטה

עוגן
מצוף
צוות
עגן
מעבורת
רפסודה
נהר
קיאק
קאנו
תורן

25 - Stadt

נ	ג	ס	ן	ס	ה	ש	ת	י	א	ט	ר	ו	ן	ם
צ	ן	צ	ט	ף	ב	נ	ק	ם	א	ד	ד	צ	ו	פ
מ	כ	ס	ר	מ	ף	ט	ג	ש	ר	נ	ף	ג	ל	ל
פ	ר	ף	ג	נ	ר	נ	ג	ת	ט	א	ד	ה	מ	מ
ס	ר	פ	ס	ת	י	ב	ש	ח	ב	ט	נ	ן	מ	ן
א	פ	ח	א	ן	ם	ם	ג	ק	ן	ב	ל	ק	ב	ב
ש	א	ר	י	ה	ט	י	ס	ר	ב	י	נ	ו	א	צ
ק	צ	ג	י	ם	ק	ר	מ	מ	א	ס	ה	ש	ש	מ
ו	ט	ל	ם	ה	ר	פ	צ	ת	ח	ה	ע	מ	ד	א
ל	ד	ר	ג	מ	מ	ס	ע	י	ש	ב	כ	ו	ה	פ
נ	י	י	ל	ח	ר	ת	פ	ב	ף	פ	צ	ז	ת	י
ו	ו	ה	ת	ד	פ	ו	מ	ס	ע	ד	ה	י	ע	י
ע	ן	כ	ש	ה	ו	נ	ח	ד	ר	נ	ג	א	ו	ה
ה	ת	ח	ג	ף	ס	ח	ר	ת	מ	ף	ש	ו	פ	ג
ג	ן	ח	י	ו	ת	ל	ה	נ	ח	ל	ר	ן	ה	נ

בית מרקחת
בנק
מאפייה
ספריה
פרחים
חנות ספרים
שדה תעופה
גלריה
מלון
קולנוע

מרפאה
שוק
מוזיאון
מסעדה
בית ספר
אצטדיון
סופרמרקט
תיאטרון
אוניברסיטה
גן חיות

26 - Aktivitäten

צ	ג	ע	ש	צ	ע	ג	ל	ל	ס	ם	ג	ד	ח	ר
ר	י	ק	ו	ד	י	ם	ר	ב	ע	ר	ה	ן	א	ט
ת	ש	ר	ן	נ	ן	ל	ס	ד	ל	ל	א	ס	ת	י
ב	ר	ם	ע	ע	מ	צ	ו	ק	מ	פ	י	נ	ג	ו
כ	ב	כ	צ	ה	ע	ת	ק	ם	צ	ח	ש	ש	כ	ל
ן	ג	ר	ת	כ	מ	ר	ס	ע	י	ר	נ	ג	פ	י
מ	ש	ח	ק	י	ם	ת	ם	ש	ו	מ	ע	ט	ע	ם
ת	מ	פ	מ	ף	נ	ע	ת	ב	ר	ף	נ	ד	י	צ
ע	כ	ר	מ	ש	ן	נ	מ	ף	כ	ש	ן	י	ל	ד
ט	ג	צ	א	ן	פ	ו	צ	ד	ת	ר	ג	ת	ו	ן
ה	א	י	ר	ק	ש	ג	נ	פ	נ	א	י	כ	ת	ס
ג	מ	ף	ח	ר	ה	י	פ	ר	ה	ש	נ	א	ד	ה
י	נ	ה	ב	א	ן	ף	צ	ט	ג	י	ד	ל	פ	ר
ר	ו	ע	ש	ר	נ	ה	ס	ת	ן	נ	מ	מ	ר	ר
ס	ת	ו	נ	מ	ו	י	מ	ת	פ	י	ר	ה	ט	ס

אמנות
מלאכת יד
קריאה
קסם
תפירה
משחקים
סריגה
ריקוד
תענוג
טיולים

פעילות
דיג
קמפינג
הרפיה
מיומנות
צילום
פנאי
גינון
ציור
ציד

27 - Bienen

א	ד	נ	ג	ה	ן	ף	ח	פ	א	ט	ע	פ	ג	צ
פ	ב	נ	א	מ	צ	כ	צ	כ	ף	כ	ט	ף	נ	ג
מ	ש	פ	י	ר	ו	ת	ב	כ	ן	ם	ע	נ	צ	ה
ם	י	י	פ	נ	ב	ר	ן	א	ף	א	ט	ש	ם	ה
ל	ד	ר	ק	נ	ט	ו	ו	נ	ח	נ	פ	מ	ב	ע
ל	מ	פ	ר	ח	ו	ו	ז	מ	ר	צ	מ	מ	צ	ף
ד	צ	מ	ח	י	ם	כ	מ	ל	כ	ה	ו	ש	ג	א
ת	ב	ע	ג	ל	ד	ם	י	ח	ר	פ	ע	פ	ה	ף
ט	מ	מ	ג	ן	ע	ה	ו	ו	ע	ש	י	ס	ש	ע
ר	ש	פ	ל	כ	ש	ת	ם	כ	א	ש	ל	מ	מ	ט
ש	ס	ע	ם	ג	ן	ף	צ	ב	ה	מ	א	ט	ש	ה
ף	ל	כ	א	ט	ג	ל	ק	ע	ח	ב	ר	א	ם	ם
ן	ף	פ	נ	כ	ן	ה	ף	א	י	ח	ף	כ	א	נ
ט	ב	ת	ב	ת	ד	פ	פ	ק	ר	ע	פ	צ	ה	כ
ן	כ	ן	ש	ע	ה	נ	ל	ד	פ	ג	ה	כ	צ	מ

מלכה
צמחים
אבקה
עשן
נחיל
שמש
גיוון
מועיל
שעווה

מאביק
כוורת
פרחים
פריחה
מזון
כנפיים
פירות
גן
דבש
חרק

28 - Wissenschaftliche Disziplinen

ג	נ	מ	ה	ק	י	נ	ט	ו	ב	ב	ה	צ	ד	צ
י	ו	ה	י	ג	ו	ל	ו	י	צ	ו	ס	פ	ת	מ
א	י	ק	ג	נ	א	ק	ו	ל	ו	ג	י	ה	ג	נ
ו	ר	י	ו	א	ר	צ	פ	ס	ש	כ	ה	ן	ר	ף
ל	ו	מ	ל	ע	נ	ל	ן	ש	ש	ת	י	ה	ן	מ
ו	ל	נ	ו	ב	ב	ע	ו	כ	ר	א	מ	מ	ה	ת
ג	ו	י	י	נ	ל	ת	צ	ג	א	כ	י	ב	י	מ
י	ג	ד	ז	ה	מ	ש	ה	ק	י	נ	כ	מ	ג	ה
ה	י	ו	י	ג	ג	פ	נ	מ	א	ה	ו	ש	ו	י
ב	ה	מ	פ	ן	מ	ט	ל	ו	ס	נ	י	ג	ל	ג
ט	ח	ר	ת	ל	צ	מ	ל	ט	ת	ס	ב	פ	ו	ו
ח	ט	ת	א	נ	ט	ו	מ	י	ה	ן	ט	ג	כ	ל
א	ר	כ	א	ו	ל	ו	ג	י	ה	ס	ע	ס	י	ו
א	י	מ	ו	נ	ו	ל	ו	ג	י	ה	צ	כ	ס	י
א	ס	ט	ר	ו	נ	ו	מ	י	ה	ג	נ	ת	פ	ב

אנטומיה
ארכאולוגיה
אסטרונומיה
ביוכימיה
ביולוגיה
בוטניקה
כימיה
גיאולוגיה
אימונולוגיה

בלשנות
מכניקה
מינרלוגיה
נוירולוגיה
אקולוגיה
פיזיולוגיה
פסיכולוגיה
סוציולוגיה
תרמודינמיקה

29 - Vögel

פ	ב	ה	ע	ל	כ	ף	פ	ע	פ	ל	ר	ם	ה	ט
ל	ר	י	פ	ד	א	מ	ח	כ	ב	ת	ר	ז	ש	ו
מ	ו	ח	צ	ח	ס	י	ד	ה	י	נ	ש	ו	ף	ו
י	ע	ש	צ	ה	פ	ת	ת	ש	ש	ע	נ	ו	ו	ס
נ	ש	ג	נ	ן	פ	נ	ף	ש	כ	ד	כ	ר	ע	י
ג	ד	ט	נ	ה	ף	פ	נ	ר	נ	ם	צ	ב	ט	ו
ו	ל	מ	ן	א	ג	כ	ט	ס	כ	א	פ	ט	ה	נ
א	ל	נ	כ	מ	נ	ע	פ	ר	ח	ע	ס	ר	ה	ה
ע	ו	ת	א	נ	פ	ה	ב	מ	ג	ר	ן	כ	ת	כ
ק	ר	ו	ר	ד	ג	ט	ח	ל	ם	ם	פ	ע	ב	ש
ן	ו	כ	ז	פ	צ	ן	ן	ת	ת	ו	כ	י	ר	ח
ן	א	ק	ו	ט	ף	ח	צ	א	א	ת	ס	ל	ב	ף
ס	ה	ח	י	פ	י	נ	ג	ו	ו	י	ן	ף	ו	ג
ל	ם	פ	ס	י	ף	ן	מ	א	ח	ף	ג	ח	ר	ח
ף	ל	צ	ה	מ	ה	ה	ת	ש	ק	נ	א	י	פ	ר

נשר	תוכי
ביצה	שקנאי
ברווז	טווס
ינשוף	פינגווין
פלמינגו	אנפה
אווז	ברבור
עוף	דרור
עורב	חסידה
קוקייה	יונה
שחף	טוקאן

30 - Biologie

ף	ג	ח	ס	ן	נ	א	ל	ם	ר	ה	ד	פ	ה	ט
ח	ק	נ	ו	י	ה	ר	נ	ם	ף	ב	ג	א	ו	צ
ה	ז	ו	מ	ס	ו	א	א	ט	פ	נ	פ	נ	ר	ח
א	ן	י	ף	ט	ב	ע	י	ב	ו	ן	ס	ז	מ	ט
ה	ה	ר	ס	י	נ	פ	ס	ה	ו	מ	ר	י	ו	ר
ס	ם	ו	ז	ו	מ	ו	ר	כ	ט	ל	י	ם	ן	כ
א	י	ן	ג	ל	ו	ק	ם	ן	ג	ח	ו	ה	ד	ט
ש	ח	מ	ף	ן	ד	ת	ע	ן	צ	ו	ט	צ	ה	כ
ן	מ	מ	ב	צ	ע	א	נ	ב	ע	ז	ח	מ	י	ג
ד	צ	ת	ף	י	א	ש	ת	ח	א	ג	ש	צ	צ	ה
נ	ג	ט	פ	נ	ו	מ	ח	פ	ס	ס	ם	מ	ט	ס
ל	ג	ח	מ	ל	ה	ז	ת	נ	י	ס	ו	ט	ו	פ
ע	ו	ב	ר	א	ן	צ	ה	ח	ל	ב	ו	ן	מ	מ
ה	מ	ל	ש	ר	ף	צ	ל	ל	ט	ל	פ	כ	ת	ף
מ	ף	ם	ה	ש	ג	ה	צ	ף	ל	ר	ג	כ	ה	ר

אנטומיה
כרומוזום
עובר
אנזים
אבולוציה
הורמון
קולגן
מוטציה
טבעי
עצב
נוירון
אוסמוזה
צמחים
פוטוסינתזה
חלבון
זוחל
יונק
סימביוזה
סינפסה
תא

31 - Elektrizität

ס	ל	א	מ	ב	ד	א	מ	ת	ת	ש	ר	ר	ס	ד
ג	פ	ה	נ	א	א	ח	ס	ו	ן	ל	ת	צ	מ	ן
ר	ה	ר	ו	מ	ו	ר	ל	מ	ג	י	ב	ל	ה	ע
ן	ר	ד	ר	ת	ג	ב	ם	כ	ס	ל	כ	ב	ל	ר
ע	ת	צ	ה	נ	ט	נ	י	ר	ה	י	כ	פ	ל	ש
ד	מ	ש	י	ש	ת	נ	ט	י	ח	ע	כ	פ	ו	ם
ם	ט	ר	ז	י	י	ל	ו	ף	ק	י	ט	צ	ס	ח
כ	ט	כ	י	ן	ס	צ	ח	ן	ח	ט	ו	ף	ב	ש
מ	ג	ש	ו	צ	י	ו	ד	א	ר	ב	י	ב	ס	מ
ר	ט	ד	ו	ח	ש	מ	ל	א	י	ע	ר	ם	י	ל
ד	ס	א	ל	ט	ל	פ	ו	ן	נ	ע	ל	מ	ח	י
ג	ת	ע	ט	א	נ	ד	ס	ן	ת	ן	צ	ד	ח	ח
ף	ב	כ	פ	ח	ן	ט	א	מ	מ	ן	ת	נ	ח	נ
ש	ן	ש	א	ג	ח	פ	מ	ת	ת	צ	פ	ת	מ	פ
ם	ד	ם	ס	מ	ח	ו	ל	ל	ש	ק	ע	ב	ד	ט

ציוד
סוללה
חוטים
חשמלאי
חשמלי
טלוויזיה
מחולל
כבל
אחסון
מנורה

לייזר
מגנט
כמות
שלילי
רשת
אובייקטים
חיובי
שקע
טלפון

32 - Antarktis

ה	ש	ש	ח	ק	ן	ס	ף	כ	ח	ם	ר	נ	ף	ג
ה	ר	ו	ט	ר	פ	מ	ט	צ	צ	ן	ל	ג	ה	ת
ן	ן	ע	פ	ח	ל	ל	ר	ט	י	ק	ו	ר	ח	א
ד	מ	ז	ג	א	ו	ו	י	ר	ה	ב	ב	ב	ם	נ
ח	ג	ן	ח	ש	א	מ	ש	ס	א	פ	ה	ם	ג	ר
פ	ט	ע	ח	ע	ח	ג	ד	א	י	ד	ר	מ	ה	ל
ס	ב	י	ב	ה	י	פ	ר	ג	ו	פ	ו	ט	י	ר
פ	ל	צ	ה	ג	פ	ח	ד	ע	ט	ש	ט	מ	פ	ם
ש	ג	כ	י	ה	ג	י	ר	ה	כ	ת	ע	י	ר	ם
ח	א	נ	א	פ	ן	ס	ק	ג	צ	ע	ף	נ	ג	ע
ס	ת	ת	ו	ח	ו	ר	ו	מ	י	ש	נ	ר	ו	א
מ	פ	ר	ץ	ל	מ	ר	ח	ת	ש	ב	י	ל	א	א
מ	ד	ע	י	כ	ן	ר	י	ע	ט	ל	ג	י	ג	מ
מ	ג	פ	ט	ל	צ	ה	ר	ם	ס	ן	ח	ם	ח	ע
ק	ר	ח	ו	נ	י	ם	ד	ה	ד	ף	מ	ת	ש	ש

הגירה
מינרלים
טמפרטורה
טופוגרפיה
סביבה
ציפורים
מים
מזג אוויר
רוחות
מדעי

מפרץ
קרח
שימור
משלחת
רוקי
חוקר
גאוגרפיה
קרחונים
חצי האי
יבשת

33 - Fahren

ן	ר	מ	ת	ח	כ	נ	ח	צ	ס	צ	ב	ל	ד	ל
צ	י	ם	ש	ר	ח	ד	ר	ב	ל	ת	ת	א	ד	נ
ח	ש	א	ו	פ	נ	ו	ע	ת	ש	ט	ל	צ	ב	נ
ג	י	ס	ו	ב	ו	ט	ו	א	ך	ס	ו	מ	פ	ה
ז	ו	ף	ד	מ	כ	ו	נ	י	ת	ף	ד	ל	ס	ב
ל	ן	ג	מ	ה	ש	ן	מ	א	י	א	ל	ם	ט	ע
נ	ד	א	ף	ט	פ	ס	ו	צ	א	ה	ק	י	ה	ם
מ	ש	ט	ר	ה	כ	נ	ם	ג	ש	ר	ח	מ	פ	ת
ת	מ	נ	ה	ר	ה	ר	ח	ח	מ	ו	ד	ל	ש	ה
ן	ר	ה	ב	ו	נ	ע	ט	ה	ת	ס	ס	ב	ת	ח
ן	ש	ה	ח	ב	כ	ה	י	ש	ו	ב	ג	ה	כ	ד
ע	כ	ן	ש	ח	ס	ר	פ	ע	ר	ע	ת	ם	ף	ר
ה	ע	ו	נ	ת	ו	ה	ת	ס	י	ת	ם	מ	נ	ע
נ	ף	ת	ף	ת	כ	ת	נ	ט	ה	ט	נ	צ	צ	ש
ה	כ	נ	ש	ט	ב	ף	ן	ן	ז	ת	מ	נ	א	ן

מכונית
בלמים
דלק
אוטובוס
מוסך
גז
סכנה
מהירות
מפה
רישיון

משאית
מנוע
אופנוע
משטרה
בטיחות
תחבורה
מנהרה
תאונה
תנועה
זהירות

34 - Physik

ר	ה	כ	ם	ה	ש	ה	ק	י	נ	כ	מ	נ	צ	ס
ש	צ	ח	ש	א	ש	א	מ	ח	ה	י	ן	י	פ	ש
ן	ו	פ	א	ח	מ	ז	ם	ס	ב	מ	מ	ס	י	ס
ב	א	ו	ס	ס	נ	ג	ע	ו	ל	י	ש	ו	פ	ח
מ	ת	ג	א	כ	כ	ו	נ	ת	ל	מ	נ	י	ו	ל
ן	ו	ר	ט	ק	ל	א	ס	ט	מ	נ	ו	ע	ת	ק
מ	ר	ל	ה	ע	ש	ג	ת	ח	י	כ	ף	א	א	י
א	י	ן	ק	ט	ן	ר	ד	ד	ה	ו	פ	ו	ה	ק
א	ה	נ	ם	ו	ג	א	י	ג	ס	ט	ת	נ	ד	ד
א	מ	ן	פ	ג	ל	ל	ר	ף	מ	ע	ג	י	פ	ל
ט	כ	מ	ח	ה	ת	ה	ו	ת	ן	כ	ן	ב	ל	ע
ו	ג	ט	פ	ג	פ	ע	ת	מ	ה	ס	צ	ר	ס	ש
ם	ד	ע	ד	א	ח	ג	א	ח	א	ן	מ	ס	ע	ט
ן	פ	ע	כ	ד	ף	ד	ח	א	נ	ף	ף	ל	ף	ע
ס	ס	ג	ר	ע	י	נ	י	ב	ל	ג	ח	י	ח	ע

מהירות
מגנטיות
מסה
מכניקה
מולקולה
מנוע
גרעיני
חלקיק
יחסות
אוניברסלי

אטום
תאוצה
כאוס
כימי
צפיפות
אלקטרון
ניסוי
נוסחה
תדירות
גז

35 - Bücher

ס	ס	ף	ם	ש	ח	נ	ף	ד	ג	ר	ו	פ	י	ס
מ	ש	ס	ח	א	כ	א	ג	נ	פ	ב	ו	צ	ח	א
ן	כ	ת	ת	ה	ם	ט	ע	ס	ל	ח	כ	מ	ש	ע
ף	ע	ף	נ	ס	ד	ע	ף	כ	ט	מ	ף	ה	ן	ח
ד	ה	ח	ל	ף	ב	ת	כ	נ	ב	ש	ם	נ	א	מ
ו	ו	ת	ה	כ	ס	י	ק	ר	י	י	ן	נ	ן	נ
א	מ	ג	כ	ר	ה	ת	ע	ר	כ	ר	ר	ף	ת	נ
ל	ו	ד	א	נ	א	ו	ס	ף	ן	מ	ן	ן	ע	ד
י	ר	ם	ל	ב	צ	ר	כ	צ	ג	ח	ט	ס	ד	ף
ו	י	י	ט	פ	מ	פ	נ	ר	א	פ	י	ן	א	מ
ת	ס	ג	ש	ש	ה	ס	ר	ה	י	ס	ט	ו	ר	י
נ	ט	ל	ן	ש	ר	ר	ט	ר	ג	י	ב	א	ו	א
ם	י	ף	ף	א	י	מ	ד	ן	ל	מ	ע	ת	ק	ר
ף	ד	ן	ן	ן	ש	ב	צ	ס	מ	ל	ף	מ	ן	פ
ה	ש	ה	א	ב	ה	ק	ת	פ	ר	ה	ק	ש	ר	ב

הרפתקה
מחבר
דואליות
אפי
המצאה
קריין
שיר
סיפור
נכתב
היסטורי

הומוריסטי
אוסף
הקשר
קורא
ספרותית
שירה
רומן
דף
סדרה
טרגי

36 - Menschlicher Körper

ר	ת	ב	ג	ש	ע	ח	ע	ב	ל	ם	י	נ	פ	ל
ג	ר	ג	ח	ה	ע	ט	ו	ך	ר	ב	ד	ר	ס	ע
ע	ר	ר	ן	ל	ב	ן	ר	ף	ט	ל	ה	ש	ע	ח
ה	ל	ג	ז	כ	ם	ף	א	ן	נ	ס	כ	ן	נ	פ
ל	ע	ל	ו	ס	ר	ק	ו	ס	ס	א	כ	ע	ה	ן
צ	ל	נ	א	ר	פ	א	ו	נ	צ	ד	ג	ט	ע	ן
ב	פ	ח	ח	פ	פ	ט	צ	ב	ט	ה	ד	ף	ת	כ
ל	ב	כ	ר	ח	נ	מ	ע	י	ע	ם	צ	ב	א	ג
ש	ם	ה	ס	ו	פ	א	ם	ד	ן	ש	נ	ר	ט	ח
א	מ	ע	מ	מ	ר	פ	ק	ס	ע	ם	ש	ג	ב	ם
ש	ת	ף	ף	א	ג	ר	צ	ח	מ	פ	כ	כ	ס	ח
ן	ב	ע	ף	ר	ל	ת	ב	נ	ת	ס	ל	א	ד	ה
ם	ש	ב	ש	א	ש	ס	ע	א	ח	ח	ס	ל	ל	ג
ן	ו	ש	ל	ש	ג	כ	ש	ר	ש	מ	ט	ה	מ	נ
ש	ל	ר	ר	ד	ב	ד	ל	ע	ע	ב	צ	נ	ע	ס

רגל
דם
מרפק
אצבע
מוח
פנים
צוואר
יד
עור
לב

לסת
סנטר
ברך
קרסול
ראש
פה
אף
אוזן
כתף
לשון

37 - Agronomie

ה	א	ק	ו	ל	ו	ג	י	ה	כ	ס	נ	ת	מ	ת
מ	ד	א	ל	צ	מ	ר	ג	ל	ד	ף	ח	ל	ע	ג
ד	פ	ב	ס	ן	ק	ח	נ	ז	נ	ד	כ	פ	ר	י
ג	ם	י	מ	ו	פ	ש	ס	י	ש	ת	ר	א	כ	ס
ה	א	ף	ת	ז	מ	ח	ב	ה	מ	ב	ד	מ	ו	ר
ד	ף	ן	ו	מ	ד	י	י	ו	ט	מ	ס	י	ת	צ
ש	מ	ד	ל	ט	ע	ק	ב	ם	ה	ן	כ	י	ה	נ
ן	ח	ה	ח	כ	ס	ה	ה	ק	ט	ן	פ	ק	ב	ת
צ	ק	ב	מ	ט	כ	ה	פ	א	ט	א	צ	ר	א	ב
מ	ר	ח	כ	א	ם	ה	ר	ת	פ	ל	ש	ב	ת	נ
ח	כ	ש	ה	י	ג	ר	נ	א	י	נ	ג	ר	ו	א
י	כ	ש	ם	פ	ש	ש	ף	ח	פ	ט	ע	צ	א	כ
ם	ת	ה	ת	א	ש	ח	ט	ש	נ	פ	א	ף	ל	ב
ן	א	ף	ה	פ	ף	ה	ט	ס	ר	ר	ע	ם	ק	ט
צ	ע	מ	א	נ	ר	נ	כ	ד	ב	נ	ר	מ	ח	ד

אורגני
אקולוגיה
צמחים
הפקה
מחקר
מערכות
סביבה
זיהום
מים
מדע

אדמה
דשן
אנרגיה
שחיקה
מזון
ירקות
מחלות
חקלאות
כפרי
בר קיימא

38 - Landschaften

מ	ר	ח	ד	ה	ן	א	צ	ט	ח	ש	ל	ע	ם	מ
ע	ה	ט	ה	נ	ן	ג	ח	ם	ד	מ	נ	ד	ח	א
מ	כ	ת	נ	נ	ח	כ	ת	כ	כ	פ	ת	ש	ן	א
ק	ש	א	ס	ת	ט	ם	ד	מ	ט	ר	ל	פ	מ	ע
צ	א	ש	ח	ף	ו	ח	ל	ר	ל	ת	ג	ט	ר	נ
כ	ג	צ	ה	מ	נ	ע	ב	ג	ר	ן	ו	ח	ר	ק
ע	ת	ש	מ	ל	ד	א	מ	ע	ר	ה	נ	ע	ב	ג
ל	ס	ש	ע	ג	ר	ה	ו	ל	נ	ן	ה	ט	ד	מ
ה	ת	ב	כ	ה	ה	ת	ב	א	פ	ט	ה	ת	מ	ל
ל	פ	ן	א	א	ע	ג	נ	ר	ז	י	י	ג	ח	א
ף	ף	ם	ס	ה	ב	ד	פ	ה	פ	י	פ	ג	צ	ם
ל	כ	ם	ל	ם	ג	א	י	א	ר	מ	ס	ג	י	ד
כ	ל	א	פ	ר	י	ת	פ	פ	ף	נ	ר	א	ה	ח
ב	נ	ט	מ	ם	ג	כ	ב	י	צ	ה	ף	ה	א	ל
מ	פ	ר	ץ	ב	ן	ל	ג	ח	ה	פ	ש	כ	י	ל

הר
קרחון
נהר
גייזר
מפרץ
חצי האי
מערה
גבעה
אי
לגונה

ים
אואזיס
אגם
חוף
ביצה
עמק
טונדרה
הר געש
מפל
מדבר

39 - Abenteuer

ח	ל	ע	ה	י	ס	ן	ט	ד	צ	ע	צ	ע	צ	פ
ת	ף	א	ז	ע	ם	ד	ב	ף	ה	ג	ף	ט	פ	ט
ע	ת	ל	ד	ד	ה	ט	ף	כ	ד	ב	ף	ג	פ	ד
ף	א	ו	מ	ץ	מ	א	ף	ט	ה	ט	ש	ל	ל	ט
ס	ס	י	נ	ש	ל	כ	ל	כ	פ	ג	ד	צ	ס	ת
ט	מ	ט	ו	ן	א	ד	נ	י	ו	כ	י	ס	ן	נ
ס	ס	ש	ת	פ	ת	ה	ש	ע	פ	ח	ש	כ	כ	ף
ט	ל	פ	ג	ו	ס	נ	ד	י	ו	פ	י	ש	ו	ק
ת	ו	ע	ח	ד	ה	ס	ש	ת	ף	כ	א	ש	ס	ב
ס	ל	י	מ	א	ד	נ	ג	פ	צ	כ	מ	נ	מ	ר
ד	ט	ל	ף	צ	ד	צ	א	מ	ט	ח	פ	ל	ש	ס
ב	ו	ו	ל	ו	ע	פ	ב	ג	ה	ם	י	ר	ב	ח
נ	ו	ת	ש	י	ש	ע	ם	ח	ב	ר	ת	מ	ן	ט
ה	י	ח	ם	פ	ר	ן	ע	ב	ט	צ	ע	ש	ד	ח
ר	נ	ת	ר	נ	ל	ג	ח	א	ם	ף	ל	ן	מ	נ

פעילות
טיול
סיכוי
שמחה
חברים
מסוכן
הזדמנות
טבע
ניווט
חדש

מסלול
יופי
קושי
בטיחות
אומץ
יוצא דופן
מפתיע
הכנה
יעד

40 - Flugzeuge

ב	ף	ח	ת	מ	צ	ו	ו	ת	ם	ם	ב	כ	ם	מ
ף	ן	ב	ש	ד	נ	ג	ט	י	י	ס	נ	ח	צ	ז
א	צ	ש	כ	ח	ת	נ	כ	נ	ת	ש	י	ט	ן	ג
ח	ש	ה	כ	פ	ב	ל	ן	ט	י	נ	י	ת	א	א
ט	מ	ה	ש	י	ף	ע	ר	ר	ן	ו	ה	צ	ע	ו
ע	י	ר	י	ם	פ	ט	נ	ק	מ	כ	ו	ר	ג	ו
ף	מ	י	מ	ר	א	א	ש	ס	י	ף	ס	ט	ע	י
ה	ן	ו	ל	ב	ו	ש	נ	ף	כ	ע	ד	ד	ה	ר
ר	י	ו	ו	א	ם	ט	פ	ע	פ	ד	ע	ב	ט	ג
פ	כ	א	ם	ם	צ	ג	ס	ע	ד	ל	ק	ת	ף	ש
ת	צ	ט	ד	ט	ם	ה	ד	י	ר	י	צ	ס	ש	ע
ק	ף	ט	א	ס	ש	ר	ד	צ	ה	מ	א	ה	ש	מ
ה	ה	ר	ן	ס	ג	ע	ס	ו	נ	נ	ם	ל	ע	ת
נ	ע	ן	ה	ג	ר	ס	ח	ב	ט	ו	ף	ש	ף	ת
ת	ה	א	ל	ל	ר	א	ס	ת	נ	ע	ג	ו	ב	ה

הרפתקה
ירידה
אווירה
בלון
דלק
צוות
עיצוב
היסטוריה
רקיע
גובה

בנייה
אוויר
מנוע
ניווט
נוסע
טייס
מדחפים
סערה
מימן
מזג אוויר

41 - Haartypen

ח	פ	ש	ב	ס	כ	צ	ם	ש	ד	צ	ף	ן	ג	ת
ת	ו	מ	צ	ט	ס	ב	ר	ז	ה	א	א	ף	כ	ל
ס	ת	ם	ד	ה	ף	ע	ו	ף	ב	ג	פ	ל	ק	ת
ב	ר	י	א	ס	ח	ו	ח	ל	ע	ו	ל	ק	צ	ל
צ	ל	ה	ד	ע	ד	נ	ש	ט	ח	ג	ע	ב	ר	י
ג	ל	י	ד	ב	מ	י	ד	ט	ף	ב	ב	ל	א	ם
ף	ב	ה	ם	ע	ס	א	ב	ל	ש	ס	ם	ו	ש	ט
פ	פ	א	ן	ן	ד	מ	מ	מ	ב	ם	ט	נ	ח	מ
א	ג	מ	ג	צ	מ	ג	ע	ת	י	ן	א	ד	ם	ת
מ	א	א	ר	ח	ש	ש	ס	ף	ן	ר	ך	י	נ	ו
ד	ס	ן	צ	פ	א	ן	ם	מ	נ	ל	ו	נ	ן	ל
א	פ	ו	ר	מ	ן	ק	ם	ת	ע	ם	ר	י	ר	ת
ב	ש	ד	ר	נ	נ	ג	י	מ	ד	ש	א	ש	צ	ל
צ	ב	ת	ט	ג	ש	פ	ת	ר	ס	ג	כ	מ	ה	ע
ם	מ	ש	ף	א	ד	ת	ש	מ	ח	ם	ף	ד	א	ד

ארוך
תלתלים
מתולתל
שחור
כסף
יבש
רך
לבן
גלי
צמות

בלונדיני
חום
עבה
רזה
צבעוני
קלוע
בריא
אפור
קירח
קצר

42 - Essen #1

נ	צ	צ	ם	ם	ג	ט	ד	א	ג	פ	ם	ש	ט	ף
ר	ש	ד	מ	נ	ג	ם	ע	כ	נ	ז	צ	צ	ט	ש
ם	ם	צ	ג	י	ף	נ	ר	א	ת	ה	ר	כ	ם	ע
צ	כ	ם	נ	ט	ץ	ן	מ	פ	כ	פ	ס	ף	ב	ע
נ	ט	ש	פ	ס	ס	ן	ל	צ	ח	ם	ן	ג	א	כ
מ	ת	פ	ש	מ	ס	ש	צ	ת	ף	ע	ל	ד	ד	ת
ם	ב	ר	ת	ר	ד	ע	מ	פ	ע	ם	ד	ה	ש	ט
ט	ר	ם	ם	ח	פ	ד	מ	ל	ח	פ	ה	ן	ד	ג
ל	י	מ	ו	ן	א	ת	ו	ת	ש	ד	ה	ס	ס	ה
ס	ם	ט	ש	מ	ג	ם	ף	ש	ב	ט	ק	ר	מ	ג
ת	ן	ט	ו	ב	ס	ף	ת	ן	ר	ח	י	ל	ה	ט
ק	פ	ה	ח	נ	ב	צ	ל	ט	ה	צ	נ	צ	ת	ב
ט	א	פ	ם	צ	ה	ף	ב	ש	ר	צ	מ	צ	ע	ף
ס	ו	כ	ר	ר	ף	ה	ל	ן	ף	א	ו	צ	א	ת
ן	כ	ג	ת	ה	ג	ר	ח	ן	ח	ע	ן	ח	י	ר

ריחן
אגס
תות שדה
בוטן
בשר
קפה
גזר
שום
חלב
לפת

מיץ
סלט
מלח
תרד
מרק
טונה
קינמון
לימון
סוכר
בצל

43 - Ethik

א	ל	ט	ר	ו	א	י	ז	ם	ד	מ	א	ר	צ	ש
ן	ס	כ	פ	ה	ש	ש	ג	צ	כ	ב	ד	ר	ר	י
מ	מ	ב	ם	ס	ח	ס	צ	כ	א	מ	ה	נ	פ	ת
ה	ת	ו	י	ל	נ	ו	י	צ	ר	ן	מ	צ	ן	ו
ה	ט	ד	צ	נ	ש	ש	ח	צ	י	ח	ד	ן	ן	ף
י	ט	מ	ו	ל	פ	י	ד	ד	ב	ש	ת	ל	ף	פ
ת	ו	י	ש	ע	מ	ף	א	ר	ס	כ	ו	ח	ש	ע
ד	כ	ש	ג	נ	ע	ם	ח	ל	ד	ח	נ	מ	ד	ו
ש	ת	ח	ר	מ	ר	ת	ש	ד	ב	מ	ל	ש	ע	ל
מ	ו	ט	י	ה	כ	נ	ת	ו	נ	ל	ב	ו	ס	ה
ח	ש	ג	ו	ן	י	ם	ח	נ	ג	ה	ס	פ	ף	ה
ן	ו	מ	ש	ל	ם	א	ו	פ	ט	י	מ	י	ו	ת
צ	נ	כ	ר	נ	כ	פ	ס	ף	ד	נ	א	ף	ת	ל
ר	א	ף	מ	ה	א	ב	ן	א	נ	ד	י	ב	ה	ט
ג	ה	מ	ש	ה	י	פ	ו	ס	ו	ל	י	פ	ד	ע

אלטרואיזם
דיפלומטי
יושר
חסד
סבלנות
יושרה
האנושות
חמלה
אופטימיות
פילוסופיה

רציונליות
מעשיות
סובלנות
סביר
חוכמה
ערכים
נדיב
כבוד
שיתוף פעולה

44 - Gebäude

א	מ	פ	ע	ל	פ	ל	מ	ג	ד	ל	מ	כ	כ	מ
מ	ו	ס	ו	פ	ר	מ	ר	ק	ט	ב	ם	ש	ג	ר
ב	ו	נ	ל	ל	ג	צ	ה	ת	פ	א	ט	פ	ק	א
י	נ	ז	י	מ	ע	ח	א	כ	ג	ב	פ	א	ג	מ
ת	ס	ד	י	ב	ה	ס	ת	פ	ר	ף	ג	ו	ם	צ
ח	צ	ש	ס	א	ר	ח	ן	פ	ע	צ	ת	ה	ה	מ
ו	ט	ט	ט	ט	ו	ס	ו	פ	ס	ע	ן	ל	ח	ן
ל	ג	פ	ס	נ	ט	ן	י	ה	מ	ל	ו	ן	ד	פ
י	ה	מ	צ	פ	ה	ף	ד	ט	ע	צ	ם	ן	א	ר
ם	ת	א	ט	ט	כ	מ	ט	ל	ה	צ	ב	פ	ע	ן
ש	א	ע	ל	ם	ת	ג	צ	נ	ק	ו	ל	נ	ו	ע
ם	ב	ה	ו	ס	ט	ל	א	כ	מ	ע	ב	ד	ה	צ
מ	ו	ס	ך	א	ן	ח	ס	ת	י	א	ט	ר	ו	ן
ש	ג	ר	י	ר	ו	ת	ב	י	ת	ס	פ	ר	ש	ד
צ	ת	ג	ר	ל	ע	ר	ה	ד	ע	נ	מ	ה	ח	כ

משק
שגרירות
מפעל
מוסך
הוסטל
מלון
תא
קולנוע
בית חולים
מעבדה

מוזיאון
המצפה
אסם
בית ספר
אצטדיון
סופרמרקט
תיאטרון
מגדל
אוניברסיטה
אוהל

45 - Mode

ע	ן	ף	ם	ד	ס	ן	מ	פ	פ	צ	מ	ר	מ	פ
ת	ב	נ	י	ת	צ	ט	ד	ט	ש	נ	י	ן	כ	מ
ה	ש	צ	ג	ט	א	א	פ	ר	ו	ו	נ	ה	ר	ד
צ	ד	פ	ד	ד	נ	נ	ם	ף	ט	ע	י	צ	ת	ם
ן	ה	ת	ע	ע	פ	ג	ם	ג	צ	ה	מ	ג	מ	ן
ם	ה	י	ל	ח	ן	מ	ל	ה	ד	נ	ל	כ	כ	ר
ם	מ	נ	ס	כ	ב	ח	ף	א	נ	נ	י	ג	ל	ן
י	ק	ר	ח	פ	ן	ס	ה	ת	ה	ר	ס	פ	ח	ע
נ	ר	ד	ד	צ	ת	ד	א	ה	צ	ם	ט	ג	צ	ת
צ	ן	ו	ר	ח	ס	ב	ו	ט	י	ק	י	מ	ר	ס
ח	ב	מ	ק	ח	ג	ת	ח	ר	ה	ר	ה	ע	ע	ט
ל	ה	פ	ם	מ	נ	ף	פ	ו	ע	מ	ב	ש	ס	ט
נ	ת	ם	כ	ח	ו	ת	מ	ב	נ	א	צ	י	נ	ג
ם	ג	מ	ש	א	ן	ף	א	ף	פ	ג	ה	ר	ף	כ
ד	ף	נ	מ	נ	ע	צ	צ	ת	ר	א	ב	כ	ש	ף

מעשי
תחרה
רקמה
סגנון
בד
לחצנים
יקר
מרקם
מגמה

מתוחכם
צנוע
בוטיק
פשוט
אלגנטי
נוח
מינימליסטי
מודרני
תבנית
מקורי

46 - Angeln

ל	ל	א	ח	ן	ן	פ	ז	ל	ט	ע	נ	ב	מ	ל
ב	ל	ר	ש	ן	א	ר	י	צ	ט	ד	ש	פ	י	כ
ב	ר	ם	ל	ג	פ	ן	מ	ר	ט	ע	ב	ש	ם	ן
פ	ח	ב	ת	מ	מ	נ	י	ם	פ	מ	נ	ע	ל	צ
ה	ת	ס	ל	ש	ר	ס	ם	ב	ס	ר	ה	ט	ש	ג
ב	מ	ל	ף	ק	ר	ע	ס	ם	ה	מ	ז	ג	ה	ט
צ	י	ו	ד	ל	ר	ר	א	ה	א	מ	פ	צ	מ	ס
ע	ח	ו	ט	ס	ן	ה	ף	ו	ס	א	ס	ד	ם	ה
ה	ת	ו	נ	ל	ב	ס	ק	נ	ט	ן	י	ס	נ	ת
פ	נ	פ	ל	ר	ף	י	פ	ר	ד	נ	ר	ן	א	ע
צ	מ	ד	ד	פ	י	י	א	ב	ר	ר	ה	נ	ת	א
ת	ג	ס	ת	נ	ר	ף	ג	ל	נ	ר	ה	נ	ט	ף
כ	ד	ט	ו	י	ט	ל	ם	ם	י	י	נ	ז	א	מ
ד	ד	ס	ם	פ	ר	פ	פ	י	ת	י	ו	ן	ב	ל
ט	ש	צ	צ	מ	ן	ב	ס	צ	צ	ש	ע	ף	ף	ת

ציוד
סירה
חוט
סנפירים
נהר
סבלנות
משקל
וו
עונה
לסת
זימים
סל
פיתיון
אוקיינוס
אגם
חוף
הגזמה
מאזניים
מים

47 - Essen #2

א	ף	כ	ם	ח	צ	ד	ח	ש	ף	ת	ף	ר	ת	ל
ן	ר	ג	ף	ן	א	ש	ר	א	ף	ד	ל	ס	ט	ם
צ	ב	ט	ר	ו	ג	ו	י	ל	ן	ה	צ	ב	ן	צ
פ	ג	כ	י	ש	מ	א	ש	ג	פ	ם	ם	ע	ט	ף
ט	ד	ת	ם	ש	צ	ש	ו	צ	כ	כ	ל	ד	ב	ט
ר	ס	ל	ר	י	ו	ף	ק	ט	ע	פ	מ	ב	ג	מ
י	ף	א	י	ח	נ	ק	ו	ח	ס	ר	ב	ת	ף	צ
י	ה	צ	ף	צ	ב	ם	ל	ם	ג	ן	א	ש	ק	ד
ה	נ	י	ב	ג	ח	ר	ד	ד	ו	ב	ד	ב	ן	א
ע	ג	ב	נ	י	י	ה	ו	ב	ט	פ	ה	מ	ם	ס
ט	ד	ב	ש	ט	נ	ח	מ	ק	ף	כ	ט	ן	ד	פ
א	ף	י	ע	ל	ח	ם	ד	א	ו	ב	נ	נ	ה	ר
ו	ף	צ	נ	ס	ו	ר	כ	ג	ל	ל	ע	ט	ט	ג
ר	נ	ה	כ	ג	פ	ש	ג	ת	ג	צ	י	ט	י	ו
ז	ן	ס	ח	ע	ת	ל	נ	ב	פ	ר	ח	ע	ח	ס

תפוח
ארטישוק
חציל
בננה
ברוקולי
לחם
ביצה
דג
יוגורט
גבינה

דובדבן
שקד
פטרייה
אורז
חם
שוקולד
סלרי
אספרגוס
עגבנייה
חיטה

48 - Energie

ס	פ	נ	נ	ב	פ	כ	ט	ן	מ	ח	פ	ד	ת	פ
ב	ב	מ	ם	ע	ף	ע	ף	ב	ה	י	י	ש	ע	ת
י	ל	ל	ף	נ	פ	ר	מ	א	ל	מ	מ	ג	ב	ב
ב	ר	ט	ן	ז	י	ה	ו	ם	ל	ה	ר	ן	נ	ן
ה	ג	ע	ע	ג	א	ם	ף	א	ו	כ	ה	י	נ	ל
י	כ	א	כ	ן	ד	ח	ט	ח	ס	פ	ן	ז	מ	ס
פ	ם	ד	נ	כ	ש	נ	ח	ו	ל	כ	נ	נ	ם	ם
ו	ר	ם	צ	צ	א	ח	נ	ג	ר	ש	ס	ב	צ	ת
ר	ע	ט	א	ק	ל	ד	ה	ח	מ	ב	ע	ה	ח	פ
ט	ס	ש	כ	פ	ק	ח	ש	מ	ל	י	י	ף	ל	ן
נ	ט	ר	ב	ף	ט	ש	ה	ט	ז	מ	ל	נ	ט	ס
א	ן	ף	ן	א	ר	מ	מ	ח	י	פ	ת	ס	ה	ר
ר	מ	ם	ל	צ	ו	ש	נ	ף	ד	ב	ה	ח	ס	ו
ע	ח	א	ע	ג	ן	ן	ו	ט	ו	פ	צ	ם	ד	ח
ת	ד	ט	כ	ב	ת	ם	ע	ג	ר	ע	י	נ	י	ש

סוללה
בנזין
דלק
דיזל
חשמלי
אלקטרון
אנטרופיה
מתחדש
חום
תעשייה

פחמן
מנוע
גרעיני
פוטון
שמש
טורבינה
סביבה
זיהום
מימן
רוח

49 - Familie

ם	א	נ	ס	ת	ד	ו	ד	ח	ף	ח	ש	ל	ס	א
צ	ב	פ	ח	ש	כ	ן	ף	ל	ת	ף	א	נ	ב	ש
ס	ק	ט	ן	צ	ה	פ	כ	א	ש	ח	ט	ב	ת	ה
ע	ד	ן	כ	ש	ג	ה	ד	צ	ג	ח	ס	ב	א	ר
ש	מ	נ	א	ס	כ	ה	נ	נ	א	ן	ד	מ	מ	ש
ת	ו	ד	ב	פ	ב	ג	ת	ח	א	י	מ	ה	י	ר
ט	ן	ד	ה	ש	ש	א	י	א	ף	ה	א	ל	א	י
ן	ע	ד	י	ע	ג	י	נ	ע	ת	א	ב	א	ל	ת
ל	ה	ד	ו	ד	ן	ט	י	ב	ן	ס	ה	ד	ע	ע
ל	ס	כ	ב	ף	נ	ן	י	ן	ח	ב	ו	מ	ב	א
ד	כ	נ	כ	מ	ב	ח	ח	ד	ל	ת	ע	ר	פ	כ
ר	א	ח	ח	צ	ש	ג	א	ו	ע	ת	ד	א	מ	ל
ש	מ	מ	ח	נ	צ	ח	נ	ד	צ	ב	ד	ן	ף	ר
ם	א	ר	ן	מ	ו	ף	נ	ד	ף	ט	ף	ח	ן	ב
ד	ג	ר	ח	ת	ל	ם	מ	ס	ע	ר	ף	ד	ל	י

אח
אשה
בעל
נכד
סבתא
סבא
ילד
ילדות
אימא
אימהי

אחיין
אחיינית
דוד
אחות
דודה
בת
אבא
אבהי
בן דוד
אב קדמון

50 - Pflanzen

ק	פ	ר	ת	ח	ף	ן	ף	ד	כ	ג	ש	ב	ג	ע
מ	י	ג	ר	א	ה	ל	צ	ט	פ	ף	ב	ו	ן	ח
ג	ח	ס	ת	י	ע	ו	ע	ש	ם	ס	ו	ט	ק	ק
ש	א	ף	ו	ן	ץ	ל	ן	ח	כ	ל	ש	נ	ש	ס
ס	ן	פ	כ	ס	ב	מ	ב	ו	ק	ן	ר	י	א	פ
צ	ת	מ	י	פ	ע	ב	ם	ם	פ	ו		ק	ן	ה
ם	נ	ן	ל	ר	ר	ב	ר	י	ע	ר	ש	ה	ל	ע
ל	ד	ש	ע	א	ד	ה	ע	ל	ם	מ	ס	י	כ	נ
ל	ן	ג	ד	ן	ט	ל	י		א	ם	ד	י	כ	ג
ט	ש	ג	ן	ש	ד	ם	ל		פ	נ	ט	ח	צ	צ
ד	ח	מ	כ	ח	ח	ש	ב	ע	ה	ר	ח	מ	ט	ר
צ	פ	ב	ש	ת	ט	ב	ף	ד	ע	ת	ד	צ	ב	מ
ב	ה	צ	ח	מ	ס	ר	ד	ש	ת	ס	ה	פ	ע	ב
ט	א	ע	ן	ש	ג	ה	כ	א	ח	ג	ן	ר	א	ל
ב	ת	פ	ת	ח	ג	ס	ר	ש	נ	צ	ף	ח	ם	ד

במבוק
עץ
ברי
עלה
פרח
עלי כותרת
שעועית
בוטניקה
בוש
דשן

קיסוס
גן
דשא
קקטוס
עָלים
טחב
שמש
צמחייה
יער
שורש

51 - Gewürze

ז	ע	פ	ר	ן	ו	מ	נ	י	ק	ד	מ	ף	ש	נ
ל	צ	נ	ג	ף	א	ב	פ	ל	מ	ע	צ	ע	ע	ל
ת	צ	נ	ט	ש	ו	ש	מ	ת	כ	א	ת	א	א	ן
ט	י	ב	ף	ע	ע	ע	ג	צ	ל	נ	ד	א	ח	ס
ף	פ	פ	ם	ת	ע	ף	ף	ף	א	י	פ	ר	א	נ
נ	ו	ל	ה	ה	ן	א	ן	ב	ר	ס	ט	ש	מ	כ
ף	ר	פ	ף	פ	מ	ל	ח	ת	ן	ף	ף	כ	ח	ד
ה	ן	ל	צ	ד	ף	א	מ	כ	א	נ	ט	ש	כ	צ
ט	ח	ש	ה	ר	ר	ב	צ	ל	ח	ם	ע	ט	ע	צ
ג	ט	פ	ת	ת	ע	ג	ב	צ	מ	ו	ס	ק	ט	ח
מ	א	ע	פ	צ	ט	ן	נ	ל	ס	ש	ש	ו	מ	מ
א	ג	ן	ס	ר	ק	א	ר	י	ש	ר	ג	ת	ה	ו
ב	כ	ל	מ	ד	י	ת	ש	נ	ג	ו	ש	מ	ס	ץ
ש	ם	ע	פ	ר	ט	ק	ר	ו	נ	ם	מ	מ	צ	ן
ן	ם	ל	מ	ר	י	ר	ה	ס	פ	ה	ב	ר	ע	ב

אניס
מריר
קארי
שומר
טעם
ג'ינג'ר
הל
שום
שוש
מוסקט

ציפורן
פפריקה
פלפל
זעפרן
מלח
חמוץ
מתוק
וניל
קינמון
בצל

52 - Kreativität

ר	ג	ש	ו	ת	ד	ה	ר	ח	ל	ב	כ	ב	מ	ח
פ	צ	כ	מ	ו	פ	ר	צ	ה	ם	ל	נ	י	י	י
פ	ע	ף	ג	י	ס	צ	מ	ש	ף	ד	ב	ט	ו	ו
ע	ת	ב	מ	ט	ד	ס	ס	ט	ם	נ	א	ו	מ	נ
ח	צ	ת	ע	נ	ח	ס	ף	נ	י	ל	ח	י	נ	י
ב	ז	ת	ס	ת	ו	ל	י	ז	נ	ת	ב	נ	ו	ו
ה	כ	י	ת	ו	נ	ו	י	ע	ר	כ	ו	ט	ת	ת
י	פ	ס	ו	א	פ	ד	ר	ד	ן	ם	ד	נ	ף	א
ר	ס	ב	נ	נ	ח	ה	א	ר	ש	ה	נ	ו	מ	ת
ו	ל	ף	ן	ה	ו	ח	א	ס	פ	ג	א	פ	ס	א
ת	ד	כ	ג	ר	ע	ת	מ	צ	ו	ע	ל	ס	ח	ה
מ	ם	ס	ג	ג	ם	ן	ל	ש	ע	מ	פ	ע	ף	א
ד	מ	ל	ב	ס	ע	ל	ס	ד	מ	י	ו	ן	ן	ל
א	י	נ	ט	ו	א	י	צ	י	ה	ר	ו	ש	ם	א
ה	מ	צ	א	ה	ש	ו	ח	ת	פ	מ	ר	מ	ב	ג

ביטוי
אותנטיות
תמונה
דרמטי
רושם
המצאה
מיומנות
נזילות
רגשות
רעיונות

השראה
עוצמת
אינטואיציה
בהירות
אמנותי
דמיון
תחושה
ספונטני
חזיונות
חיוניות

53 - Geschäft

כ	ל	כ	ל	ה	ר	מ	ב	ע	ס	ח	ו	ר	ה	ה
ח	צ	ר	ס	נ	ש	ט	כ	מ	ב	ע	ח	ת	ר	מ
ל	ף	ג	צ	ח	ג	ב	צ	ר	צ	ח	ע	ו	י	מ
א	ן	ח	ט	ה	ה	ע	ף	ל	ד	ח	ו	נ	כ	ב
פ	כ	ת	צ	צ	ח	א	ס	פ	פ	ח	ר	ח	מ	ב
א	ם	ע	ה	ש	נ	ל	ט	מ	ט	פ	ף	נ	ח	ף
א	ט	ח	ן	נ	ק	ת	ע	ע	ם	ע	ת	כ	ל	ר
ה	ף	צ	ב	ם	ר	ב	ח	ס	צ	כ	ף	ח	ר	ע
ג	ד	ל	א	ר	י	ב	ף	י	ר	מ	ח	צ	ו	פ
ר	ע	ד	ר	ט	י	ב	צ	ק	ף	ס	כ	ב	ע	ם
ן	ל	א	ד	ל	ר	נ	א	מ	ש	ר	ד	א	ג	מ
מ	ו	א	צ	פ	ה	מ	נ	ה	ל	ן	ד	נ	ה	ן
ס	ת	נ	פ	א	פ	ן	ב	י	צ	ק	ת	ן	ב	ף
י	ה	ש	ק	ע	ה	ק	ס	ע	ל	ה	ס	נ	כ	ה
ם	ת	ה	ל	ן	ת	ח	נ	ד	ס	ף	ט	ן	צ	ח

עלות
מנהל
עובד
הנחה
מסים
עסקה
מכירה
סחורה
מטבע
כלכלה

מעסיק
תקציב
משרד
הכנסה
מפעל
כסף
חנות
רווח
השקעה
קריירה

54 - Ingenieurwesen

מ	כ	ס	ד	ב	ב	ו	ש	י	ח	ד	ש	פ	ה	ם
ד	כ	ת	ש	ל	נ	ס	פ	ן	א	ב	ח	א	ף	ף
ר	ד	ו	ש	ם	י	פ	ו	נ	מ	נ	ח	ע	ל	נ
ג	פ	ב	נ	ת	י	ע	ף	ש	ף	ן	נ	ר	ס	ג
ן	מ	י	פ	ה	ה	ע	ט	ן	ד	ב	א	ת	ט	ג
ל	ת	צ	ת	ע	ר	ף	ח	ב	ד	ס	ל	ר	ד	ה
ע	ס	י	ה	נ	ט	ם	ח	ג	ש	ח	נ	ל	כ	כ
א	ס	ד	מ	ה	צ	פ	ה	ד	י	ד	מ	צ	ל	מ
צ	ב	ט	א	ח	ט	כ	ו	ח	י	ל	ח	ה	ר	ה
מ	ע	ו	מ	ק	מ	נ	ו	ע	ש	ז	ס	כ	ח	ן
ב	צ	ת	ר	ש	י	ם	ם	י	כ	ו	ל	י	ה	ל
נ	ל	י	ט	י	ן	ד	כ	ן	כ	נ	ב	ע	צ	א
ה	ת	ו	ו	פ	צ	ף	ם	ג	א	נ	ר	ג	י	ה
מ	ג	ו	ק	ד	ל	ל	ף	ל	ב	פ	ב	נ	מ	ח
מ	פ	ז	ס	ן	ע	ה	ע	ע	ש	ן	ל	א	ס	ה

בנייה
מכונה
מדידה
מנוע
יציבות
כוח
מבנה
עומק
הפצה
זווית

ציר
הנעה
חישוב
תרשים
דיזל
קוטר
אנרגיה
נוזל
הילוכים
מנופים

55 - Kaffee

א	ף	ש	ד	נ	א	צ	כ	ט	ר	ט	נ	מ	ף	ד
ש	ה	נ	מ	ד	פ	צ	ם	ע	ד	ע	ח	ל	ב	ט
ר	ד	ן	ד	נ	מ	ק	ר	ם	ף	י	ה	פ	ר	ן
ל	מ	י	ם	מ	ג	ש	ח	ו	ר	ק	א	צ	ג	ג
ע	ק	מ	ה	מ	ו	ע	א	ן	פ	ג	ב	נ	פ	צ
כ	ו	נ	א	א	ו	פ	ע	א	ם	ש	נ	נ	ד	נ
ב	ר	ו	ש	מ	ן	ם	י	ט	א	ל	ה	ס	ף	ף
ף	ק	ז	מ	נ	כ	ן	צ	פ	ת	ם	ר	י	ר	מ
ע	ו	ל	ס	פ	כ	ו	מ	כ	ע	ד	כ	ת	ב	ס
מ	ב	ו	נ	ה	ת	ח	ו	ן	ע	ת	ו	ת	ש	ל
א	כ	ש	ן	ר	ר	ט	ח	א	ב	נ	ס	כ	ה	ח
ב	ב	נ	כ	ל	ל	ה	ל	מ	ע	צ	ג	א	ף	ן
צ	ד	ן	ח	ג	ג	ה	צ	כ	פ	ה	פ	ה	ר	כ
ע	ג	ט	ח	צ	ף	מ	ת	פ	ע	צ	ן	ר	ד	ח
כ	פ	ע	ת	מ	ה	מ	ג	ב	ל	ה	ג	ש	ל	ל

מחיר
חומצי
שחור
כוס
לשתות
מקור
מגוון
מים
סוכר

מריר
קרם
מסנן
נוזל
טעם
קפאין
טחון
חלב
בוקר

56 - Gemüse

פ	ת	ה	ט	ה	מ	ד	א	ח	ו	פ	ת	ק	ת	ה
צ	ט	פ	כ	י	פ	ם	ז	י	ת	י	ב	ו	ר	כ
ם	ף	ח	ד	י	מ	ת	ר	ש	כ	ש	ש	ש	ר	נ
א	ן	ג	א	נ	ל	ט	ב	ה	ר	ט	ו	י	ט	ף
א	ע	מ	ן	ב	פ	ד	ר	ת	י	ם	א	ט	ל	ג
ף	כ	ב	מ	ג	פ	ת	ח	ג	ל	פ	ת	ר	פ	נ
ה	ע	ת	ט	ע	ו	ם	ז	פ	ו	ח	ן	א	מ	כ
ס	ת	ע	ל	ד	ן	ר	מ	נ	ק	ד	ש	ג	נ	ר
ל	נ	ם	צ	נ	ה	ן	ה	א	ו	ג	ב	כ	ד	ר
ר	נ	צ	ב	ע	ן	ב	ה	נ	ר	ס	ט	כ	ר	ש
י	ה	י	י	ר	ט	פ	ג	ט	ב	ר	פ	ת	ם	פ
ם	ש	ה	ם	צ	ח	צ	י	ל	א	א	ח	ת	צ	צ
ב	ף	כ	ח	ש	צ	ת	נ	ס	א	ר	ר	ר	א	פ
ח	כ	א	ד	ר	א	ל	ג	מ	א	ג	ד	ת	צ	ם
ם	א	ל	ח	ס	פ	ט	ר	ו	ז	י	ל	י	ה	ל

ארטישוק
חציל
כרובית
ברוקולי
אפונה
מלפפון
ג'ינג'ר
גזר
תפוח אדמה
שום

דלעת
זית
פטרוזיליה
פטרייה
לפת
סלט
סלרי
תרד
עגבנייה
בצל

57 - Schönheit

א	ת	ח	ח	ן	ד	מ	צ	ה	ח	ט	ל	ה	נ	ל
ל	נ	ה	ש	פ	ט	מ	כ	ק	א	ף	ן	ר	ד	צ
ג	צ	ט	מ	ס	צ	ע	ר	י	ד	ט	ד	צ	ד	א
נ	א	ף	פ	פ	ר	ב	ש	ט	ן	ג	ב	ע	ח	ל
ט	ע	נ	ם	י	ר	צ	ו	מ	ש	מ	ס	מ	ב	נ
י	מ	ם	ה	י	ע	ע	א	ס	ב	נ	פ	ן	ר	ן
ו	ד	פ	ש	ג	י	ו	ש	ו	מ	א	א	ש	ת	ח
ת	נ	ר	ן	ה	א	ר	מ	ק	ל	ע	צ	ד	ט	ג
ש	מ	נ	י	ם	ס	ק	פ	ס	ג	ס	ג	נ	ם	ט
ש	ף	ש	א	ג	ן	י	ו	ס	ד	ל	ר	ע	י	ל
מ	א	ב	ר	ט	א	ט	ש	ט	מ	ח	ף	ר	ת	ח
ע	פ	ו	ט	ו	ג	נ	י	ב	ר	ש	פ	ת	ו	ן
צ	ע	ם	מ	א	ק	ג	נ	י	ח	ו	ח	ב	ר	ה
ב	ם	ן	ר	ם	י	ל	ת	ל	ת	ד	ש	ב	י	ס
מ	ס	ק	ר	ה	ל	א	ח	צ	ב	ם	מ	ר	ש	ע

שפתון
תלתלים
שמנים
מוצרים
מספריים
שמפו
מראה
מעצב
מסקרה

קסם
שירותים
ניחוח
אלגנטי
אלגנטיות
צבע
פוטוגני
חלק
עור
קוסמטיקה

58 - Ernährung

ד	ן	כ	ם	כ	ע	ג	ב	מ	ג	ב	ג	ן	ר	ע
ה	ה	ף	ט	א	י	ל	כ	ד	ב	ד	ח	ז	ח	ף
ו	ט	ן	ג	כ	כ	ן	י	ז	מ	ח	י	ו	ן	ד
י	נ	מ	ת	ע	ו	ו	ד	ה	ל	ט	א	א	ח	ן
ט	ן	ה	ג	ת	ל	ב	ט	ו	ר	י	ר	מ	ט	ע
מ	ח	ג	ן	ו	ס	א	י	ר	ב	ח	ט	ג	ח	ה
י	נ	ח	ע	מ	ם	י	נ	ו	ב	ל	ח	ס	ן	ם
ן	ש	ח	ן	י	ם	ת	ס	ת	ט	ק	ל	ס	מ	ר
ה	ה	ר	ר	מ	פ	ו	ר	ה	ב	ש	ת	ס	מ	ם
ן	ע	ף	ט	ח	פ	כ	ם	ע	ט	מ	ב	מ	ש	ף
ד	ף	ם	ם	פ	ה	י	י	ת	ל	צ	ס	ע	ד	ח
מ	מ	א	ף	ג	מ	א	נ	א	י	ן	ף	ח	ג	א
ק	ל	ו	ר	י	ו	ת	ג	מ	כ	ח	פ	ף	ד	ח
ב	ר	י	א	ו	ת	ף	ד	ח	א	נ	ד	כ	ב	ם
ר	ם	ם	ב	ת	ת	פ	ל	ג	ש	כ	כ	ח	פ	א

תיאבון
מאוזן
מריר
דיאטה
אכיל
תסיסה
טעם
בריא
בריאות
דגנים

משקל
קלוריות
פחמימות
מזין
חלבונים
איכות
רוטב
רעלן
עיכול
ויטמין

59 - Länder #1

ל	ם	נ	ן	ת	ס	כ	א	ש	פ	ע	ל	ב	ס	ה
ן	ג	ג	כ	ג	ת	מ	ר	א	ס	י	ב	ס	ע	ן
נ	ה	י	ג	ו	ו	ר	ו	נ	נ	ר	ש	א	צ	נ
ם	י	ר	צ	מ	ג	מ	ע	ה	ג	א	ע	ת	מ	צ
כ	ד	ק	ב	ש	נ	פ	ן	ד	ל	ק	מ	ד	כ	צ
ש	ו	ם	ר	א	י	ט	ל	י	ה	א	ה	ן	ף	ה
ן	ב	נ	ר	ג	י	ש	ר	א	ל	ס	ו	ע	ת	ס
פ	מ	ן	ן	ט	ו	ן	ט	מ	א	ל	י	צ	ד	ר
ב	ק	ש	ל	א	ף	א	ר	ה	ד	ף	ה	ר	נ	פ
ם	ר	ר	ח	ד	נ	ן	ה	י	נ	מ	ו	ר	ל	ו
צ	ת	ז	ה	צ	ש	נ	ד	נ	ם	ג	ד	ס	נ	ל
צ	ף	א	י	ט	ם	מ	נ	מ	נ	ף	ו	ן	י	י
כ	ן	ל	ב	ל	מ	ב	ק	ר	מ	ה	ר	ה	פ	ן
ה	ה	ד	ט	ף	מ	כ	ב	ג	ת	ת	ש	ס	מ	כ
ע	פ	ם	ל	ו	י	י	ט	נ	א	ם	ס	פ	ר	ד

מצרים
ברזיל
גרמניה
פינלנד
הודו
עיראק
ישראל
איטליה
קמבודיה
קנדה
לטביה
מאלי
ניקרגואה
נורווגיה
פולין
רומניה
סנגל
ספרד
ונצואלה
וייטנאם

60 - Technologie

ג	ף	ו	ף	ח	ה	ח	א	ב	א	א	ס	ח	ד	ח
ו	ו	ל	י	ת	ו	כ	נ	ה	י	ת	ן	פ	ם	ה
ל	ף	פ	ם	ר	ד	מ	ר	ם	נ	ת	ב	ג	ן	ם
ב	ג	כ	ן	מ	ט	ם	א	נ	ט	ר	ס	כ	ע	מ
ד	פ	ד	פ	ן	נ	ו	ס	ש	ר	ר	ב	ג	ג	ג
א	א	צ	ם	מ	ג	ר	א	נ	נ	ד	ש	ן	ש	ב
נ	ן	ת	מ	ס	י	ט	י	ל	ט	י	ג	י	ד	ש
ק	ל	ר	ף	ח	ף	ס	ה	ת	י	מ	ם	ג	ט	צ
ו	ב	ס	ף	ט	צ	ה	ק	י	ט	ס	י	ט	ט	ס
ב	ש	ח	מ	ש	צ	מ	ו	נ	צ	ש	נ	ת	ף	ל
ץ	צ	ד	ן	ב	נ	ל	ר	ד	פ	ם	ו	ט	ן	נ
ב	ת	י	ם	ש	ר	צ	ח	ש	ע	ע	ת	ם	א	ע
מ	ח	ק	ר	א	ן	מ	ח	צ	ש	ה	נ	ת	ה	ל
ב	י	ט	ח	ו	ן	מ	ס	ך	ר	ב	ף	פ	ף	ה
ס	צ	ר	ח	מ	ף	ב	ט	ת	ת	ת	ן	ת	כ	ף

אינטרנט
מצלמה
הודעה
גופן
ביטחון
תוכנה
סטטיסטיקה
וירטואלי
נגיף

מסך
בלוג
דפדפן
בתים
מחשב
סמן
קובץ
נתונים
דיגיטלי
מחקר

61 - Science Fiction

ף	צ	ם	מ	ח	ד	ף	כ	ר	ח	פ	ד	א	א	ס
ע	ד	ח	נ	ד	ש	י	ח	ר	ת	ת	מ	ו	ט	ד
ר	פ	ת	ר	ב	ף	ט	ס	ם	ר	ם	י	ט	כ	ע
ב	ש	ח	ד	ח	מ	ס	ב	ט	ב	ט	ו	ו	נ	ה
ל	ר	פ	ג	ם	י	ט	ו	ב	ו	ר	נ	פ	ו	ט
ק	ם	ע	ט	ל	ר	נ	ם	ג	ב	פ	י	י	ל	ג
ר	י	ת	צ	ו	ו	פ	ש	ם	ש	ט	י	ה	ו	כ
ו	ט	צ	נ	ע	ת	כ	ל	ב	כ	ו	כ	ה	ג	ב
א	ח	ט	ו	נ	ס	ת	א	ט	ג	ה	ר	י	י	ן
ג	ט	ן	מ	נ	מ	ק	ו	ל	נ	ו	ע	ל	ה	ג
ן	ה	ח	ס	מ	י	פ	י	צ	ו	ץ	ף	ש	י	ע
ב	י	מ	י	ק	ל	י	ם	י	ר	פ	ס	א	ס	ט
ע	ת	י	ד	נ	י	ט	ר	ן	ע	צ	ע	א	ק	ה
ת	ד	א	א	ם	נ	פ	ח	נ	נ	א	ג	ב	ל	מ
ף	ר	ע	ש	ר	ה	ס	ה	צ	ב	פ	ף	ש	ג	פ

ספרים
כימיקלים
דיסטופיה
פיצוץ
קיצוני
פנטסטי
אש
עתידני
גלקסיה
מסתורי

אשליה
דמיוני
קולנוע
אורקל
כוכב לכת
רובוטים
תרחיש
טכנולוגיה
אוטופיה
עולם

62 - Literatur

מ	נ	כ	א	ב	ח	א	ש	ו	נ	ת	כ	ר	ע	ת
ט	ג	ן	נ	י	ר	נ	ג	ר	ף	ס	פ	ב	ש	ל
פ	ס	כ	ק	ו	ו	ל	ט	ש	י	ר	כ	ש	ם	ס
ו	ד	צ	ד	ג	ז	ו	ר	ל	ב	פ	ע	ח	ח	ג
ר	ע	נ	ו	ר	ט	ג	ו	מ	ן	א	ש	כ	ב	נ
ה	ר	ש	ט	פ	ה	י	מ	נ	ת	ר	פ	ט	ם	ו
ד	ם	ש	ה	י	ף	ה	ן	י	י	ר	ק	ן	ן	ן
ח	ש	ה	נ	ה	ת	ד	ת	ם	נ	ע	ח	נ	ן	ע
ט	מ	ת	ד	ר	ש	ב	ד	י	ו	נ	י	א	ב	ת
ד	י	א	ל	ו	ג	צ	א	ה	א	ב	ע	ת	ג	ד
ב	ע	ל	כ	ע	ש	ק	ל	ע	ג	ר	י	ר	ת	ר
ט	ר	ג	ד	י	ה	א	ו	ש	ו	ה	ט	ס	ג	ש
ס	ח	ב	ף	ף	כ	ה	ת	מ	ה	ג	א	צ	א	ת
ף	ט	ע	ח	ו	ת	י	נ	ת	י	א	ו	ר	ה	צ
ן	ת	ד	ל	מ	מ	פ	מ	ע	ל	מ	פ	ף	מ	נ

אנלוגיה
ניתוח
אנקדוטה
מחבר
תיאור
ביוגרפיה
דיאלוג
קריין
בדיוני
שיר

מטפורה
פואטי
חרוז
קצב
רומן
סיכום
סגנון
ערכת נושא
טרגדיה
השוואה

63 - Wandern

ן	ה	ח	נ	ע	נ	ת	ב	ע	ב	ט	ד	ג	ש	ה
ר	ג	י	נ	ן	צ	ו	ק	ם	י	י	פ	ג	מ	מ
ל	א	ו	ת	ט	ג	נ	ת	י	ט	י	ג	צ	ש	מ
ה	ן	ת	ל	ת	ס	כ	ד	כ	כ	ד	ף	ע	ט	צ
ח	ה	כ	נ	ה	ה	ס	ר	י	ו	ו	א	ג	ז	מ
כ	ג	נ	י	פ	מ	ק	מ	ר	ח	ש	כ	ע	מ	ה
ג	ס	ת	נ	ט	י	י	ה	ד	א	ב	נ	י	ם	א
מ	פ	צ	ב	ט	א	ג	פ	מ	ש	ר	כ	ה	ד	ק
ע	ח	כ	צ	ר	ר	ה	מ	כ	צ	צ	ט	ת	ף	ל
ר	כ	פ	ח	ד	פ	ח	ש	נ	ב	נ	ח	ט	ל	י
ש	ב	מ	ג	ף	ט	מ	ב	ן	נ	ד	ה	ע	ר	ם
צ	ן	י	צ	מ	ל	מ	ר	ש	ל	מ	צ	ר	ס	ל
ן	ף	ם	ט	נ	ת	ב	נ	ד	ב	ס	ע	ה	ע	ח
ס	א	ם	ף	ה	ח	צ	ה	צ	צ	ר	ת	ע	ג	ת
פ	ר	ל	ף	ע	ח	כ	ף	ר	ב	פ	נ	ל	ע	ג

הר	נטייה
קמפינג	כבד
מדריכים	שמש
סכנות	אבנים
פסגה	מגפיים
מפה	חיות
אקלים	הכנה
צוק	מים
עייף	מזג אוויר
טבע	פראי

64 - Globale Erwärmung

פ	פ	ס	ן	צ	א	ג	ב	ש	א	ף	א	ס	ס	ח
א	ש	י	ת	ר	ג	נ	ח	צ	צ	ר	נ	צ	צ	צ
ף	ב	ש	ת	ג	ב	ל	ר	ז	ת	ט	ק	ח	נ	מ
נ	ד	ם	ל	ו	ת	ר	ם	ג	ל	ש	פ	ט	כ	ה
ת	ו	ר	ו	ד	ח	א	ע	ת	י	ג	ס	ד	י	ב
ו	מ	ש	ב	ר	נ	ק	ן	כ	צ	ה	ק	י	ק	ח
נ	ת	ע	ב	צ	ר	ל	ו	ד	י	ג	י	ת	ב	ב
י	ת	ב	י	ב	ס	י	נ	פ	ר	ן	ם	ע	ל	פ
ם	מ	ר	ש	ם	מ	ם	כ	א	ת	ע	ש	י	י	ה
ת	ל	מ	ט	ג	ש	צ	א	פ	ע	ד	ת	ב	ע	ע
ל	ה	פ	כ	ן	נ	ט	א	ה	ע	מ	מ	ג	ה	כ
א	ו	כ	ל	ו	ס	י	ו	ת	מ	מ	ש	ל	ה	ש
ט	מ	פ	ר	ט	ו	ר	ו	ת	ר	ס	ט	ן	ת	י
ב	י	נ	ל	א	ו	מ	י	ן	ט	נ	ר	ם	ב	ו
ג	ש	נ	כ	א	נ	ב	ת	ט	ע	ס	ט	ג	ל	ף

ארקטי
אוכלוסיות
נתונים
אנרגיה
פיתוח
גז
דורות
חקיקה
תעשייה
בינלאומי
עכשיו
אקלים
משבר
בתי גידול
ממשלה
טמפרטורות
סביבתי
מדען
עתיד

65 - Länder #2

ן	ה	ה	ק	י	י	מ	ג	ט	ר	מ	ש	ג	ח	ת
ל	ע	א	ל	כ	ל	ם	ר	ס	ר	ט	ף	ש	ד	ל
ה	ל	י	ד	א	ת	מ	ד	י	ו	ו	ן	ל	א	א
צ	ה	ט	נ	ג	ף	ה	ש	ד	צ	א	ס	ת	ל	ן
ל	י	י	ל	ה	ט	ט	ד	מ	ש	ת	ל	ע	ב	צ
צ	ר	א	ר	ו	ס	י	ה	י	ר	ג	י	נ	נ	ה
ג	ו	ל	י	ב	ה	ח	ף	ח	ס	ע	ה	ט	י	כ
ן	ס	נ	א	ט	י	ל	ל	ד	ת	פ	ר	צ	ה	ת
כ	א	ש	מ	כ	פ	ל	ל	ג	ח	ק	ד	נ	ש	ע
א	ג	ש	ה	ב	ו	א	ם	נ	ב	י	ד	ת	פ	ל
ר	ג	ב	ע	כ	י	פ	ו	ק	י	ס	ק	מ	ט	ל
א	ש	ס	ג	ר	ת	נ	צ	ג	ת	ט	ט	ף	ר	ר
ל	ח	כ	ג	ג	א	מ	ל	צ	נ	ן	פ	י	ס	ה
א	ו	ק	ר	א	י	נ	ה	צ	ן	ד	ו	ס	ש	ש
ר	א	כ	ס	מ	מ	נ	ל	ט	ת	ל	ה	י	נ	ק

אלבניה
אתיופיה
צרפת
יוון
האיטי
אירלנד
ג'מייקה
יפן
קניה
לאוס

ליבריה
מקסיקו
נפאל
ניגריה
פקיסטן
רוסיה
סודן
סוריה
אוגנדה
אוקראינה

66 - Fahrzeuge

ף	צ	ב	ת	ף	מ	ף	ת	א	ס	צ	מ	כ	ר	ס
ר	ק	ם	י	י	נ	פ	ו	א	ו	ר	כ	ב	ש	ח
פ	כ	ר	נ	ט	ו	א	ר	ד	ב	ש	ם	ף	כ	מ
ס	ת	ר	ו	ב	ע	מ	מ	ע	ו	ד	ר	ד	ף	כ
ו	ל	ג	מ	ו	ת	ו	ן	ב	ט	ד	כ	ל	ת	ס
ד	ל	ל	ב	ע	א	ף	נ	ה	ו	מ	ה	ר	י	ס
ה	ו	ג	ר	ת	ב	ן	א	ט	א	ל	ב	ע	א	צ
א	צ	ד	ה	ר	ל	ף	א	ק	ק	ט	נ	ע	ש	ס
ת	י	ת	ח	ת	ת	ב	כ	ר	א	ם	כ	ס	מ	ס
ב	ד	מ	ן	ר	ע	ד	ח	ח	ה	ב	ח	כ	ב	ח
כ	ל	פ	ת	ל	א	א	ל	מ	ס	ו	ק	ע	ו	ט
ר	ט	ה	א	ד	ח	ע	פ	ע	ש	נ	ם	א	נ	ט
ט	ר	ק	ט	ו	ר	ף	ת	ל	מ	ט	ו	ס	י	צ
צ	מ	י	ג	י	ם	ד	מ	ט	ל	ס	ן	ח	ת	ג
ג	ט	ב	ט	פ	נ	ה	ט	ט	א	ר	ב	ד	ב	ד

מכונית
סירה
אוטובוס
אופניים
מעבורת
רפסודה
מטוס
מסוק
אמבולנס
משאית

מנוע
רקטה
צמיגים
קטנוע
מונית
טרקטור
רכבת תחתית
צוללת
קרוואן
רכבת

67 - Musikinstrumente

ט	ר	ו	מ	ב	ו	ן	ם	ו	ג	נ	ב	ת	ת	ט
נ	ג	כ	ה	ו	ן	ו	ס	ב	ט	י	מ	מ	כ	ה
י	ת	ס	ג	ב	מ	פ	ע	ד	ט	פ	ט	ט	ן	מ
ר	פ	ן	ב	א	ף	ו	ן	מ	צ	ר	ש	ר	ם	ע
ל	ה	ג	ו	נ	ג	ס	א	נ	א	ר	נ	ס	ה	ר
ק	ב	פ	נ	צ	צ	ק	מ	ד	ט	נ	ה	ה	ב	ם
כ	מ	ר	ן	פ	ר	ס	ח	ו	מ	ב	ב	ר	ל	ע
ר	י	פ	ס	נ	ת	ר	כ	ל	ת	ו	ף	צ	ל	ו
ח	ר	נ	ב	ס	נ	ש	ם	י	ר	מ	ף	ו	ת	צ
ג	מ	ן	ו	ה	ב	ב	ב	נ	ת	ת	ן	צ	מ	ן
ח	ל	י	ל	ר	ב	ב	ל	ה	פ	מ	א	ח	פ	ד
ע	פ	כ	ח	ש	ג	א	נ	כ	א	ת	צ	פ	ו	ד
מ	ק	ל	ו	ת	ת	י	פ	ו	ף	ש	ב	ף	ח	ח
ף	ב	ח	כ	ט	א	ד	צ	ש	ס	נ	פ	ב	י	ס
ש	ט	ה	ש	א	מ	ף	ד	ס	כ	ב	כ	ן	ת	ר

בנג'ו
צ'לו
מקלות תיפוף
בסון
חליל
כינור
גיטרה
גונג
נבל
קלרינט

פסנתר
מנדולינה
מרימבה
מפוחית
אבוב
טרומבון
סקסופון
תוף מרים
תוף
חצוצרה

68 - Blumen

כ	פ	י	ג	ח	מ	ג	נ	ו	ל	י	ה	ט	פ	ן
ל	ף	ר	ב	ע	ת	ר	ג	ר	ע	נ	ט	ם	ה	צ
צ	ה	א	ם	ל	ר	ג	ז	ד	א	ו	ם	ח	כ	ס
ם	ב	ה	ת	פ	ד	צ	צ	ס	ר	ע	א	ב	נ	ג
ה	ש	ן	ה	ש	ה	נ	ח	ף	ס	ב	ג	ל	נ	ה
ח	ו	ש	ח	ג	י	כ	פ	ד	ע	צ	ן	ל	ת	כ
מ	ש	ד	ל	ב	נ	ד	ר	ה	ן	ר	ט	ל	כ	ח
ר	ן	ה	פ	ל	ד	ת	ג	ד	ר	ל	ת	מ	ף	ה
ב	נ	ת	ס	ח	ר	ע	א	ד	מ	ו	נ	י	ת	ן
פ	נ	ן	י	ס	ג	ת	נ	ג	ה	ס	ך	ל	י	ל
ן	ע	ג	פ	ת	ר	ת	ו	כ	י	ל	ע	מ	נ	ן
נ	ד	כ	ל	ה	י	ב	י	ס	ק	ו	ס	פ	מ	ט
ף	ף	ג	ו	ה	ף	ד	י	י	ז	י	ר	ם	ח	מ
נ	א	ע	ר	ה	מ	ש	ה	כ	ש	ב	ע	ה	ד	ה
א	צ	ל	ה	ס	ם	ד	ש	ה	ל	ב	נ	ה	ב	ט

מגנוליה
פרג
סחלב
פסיפלורה
אדמונית
ורד
חמנית
זר
צבעוני
עלי כותרת
גרדניה
דייזי
היביסקוס
יסמין
תלתן
לבנדר
לילך
שושן
שן הארי

69 - Natur

ל	מ	א	כ	ש	ח	י	ק	ה	ת	ח	ש	נ	ע	ע
נ	ק	צ	נ	ע	ש	נ	ה	ר	ן	נ	ל	נ	ר	כ
ר	ל	נ	נ	א	ר	ק	ט	י	ו	פ	י	ע	ר	ע
צ	ט	נ	ד	ש	ט	כ	א	ם	ח	י	ו	ת	ר	ח
ף	י	ח	ב	ל	צ	ר	ף	י	ר	כ	ף	פ	ב	י
ם	צ	א	ו	ו	פ	מ	ג	ל	ק	ם	ל	כ	ד	ו
צ	ף	ש	ר	ו	ד	ה	ג	.	ף	צ	ן	ה	מ	נ
ן	ג	ר	י	ה	י	צ	פ	ָ	ף	ל	צ	ב	מ	י
ת	ה	ב	ם	ד	נ	כ	צ	ע	נ	ש	ע	ד	ת	ש
ט	ף	צ	ב	ף	מ	ט	ב	ג	ף	ד	מ	ה	צ	ת
ח	צ	ם	צ	כ	י	ר	פ	ג	ם	ב	ם	ן	ל	ד
צ	א	ן	ן	פ	ט	ו	פ	ה	פ	ע	ס	א	ם	נ
ל	נ	ש	צ	ל	ת	פ	פ	נ	ש	ג	ם	ט	ר	ע
ט	ד	צ	צ	ע	א	י	ש	ם	ס	ר	ן	ף	ח	ת
ד	מ	ה	נ	ר	ת	ן	ח	נ	צ	כ	ב	פ	ל	ן

חיוני
ערפל
יופי
מקלט
חיות
טרופי
יער
פראי
עננים
מדבר

ארקטי
הרים
דבורים
דינמי
שחיקה
נהר
שליו
קרחון
שלווה
עָלים

70 - Urlaub #2

ח	ס	ף	מ	ר	מ	פ	ג	ת	מ	ם	כ	ג	מ	מ
ס	א	מ	ל	ה	ו	א	כ	י	ס	ט	ג	כ	פ	ס
כ	מ	ר	ו	ז	ב	ד	ג	נ	י	פ	מ	ק	א	ע
ס	ג	ה	ן	י	ת	ח	ב	ו	ר	ה	ה	ח	ג	ד
צ	ש	ת	ט	ו	ב	פ	ח	מ	ן	ח	ר	ג	ת	ה
ש	ר	א	פ	ן	כ	ש	פ	ס	ת	פ	י	א	נ	פ
ט	ם	מ	ש	ט	ר	ר	ל	ם	ש	א	ם	ם	ש	ה
ס	ג	ם	ן	ע	ע	ז	ד	א	ד	ן	נ	כ	ת	ב
ח	ם	ע	מ	ח	ג	ד	ד	ן	מ	ג	ח	ל	ר	ש
ף	ו	ס	ף	ת	מ	ש	ש	ת	א	ס	ת	ם	ר	ף
ד	ב	ף	א	ש	ג	כ	ת	פ	ם	ל	ע	י	ע	א
ב	ל	ת	פ	ם	ש	ח	ד	ר	כ	ל	ש	ע	ש	ש
א	פ	ס	ש	ן	מ	ס	צ	ם	ט	ש	ל	ד	ל	ף
י	ל	ף	ר	ס	ש	ד	ה	ת	ע	ו	פ	ה	ס	ט
מ	פ	ה	כ	מ	ע	א	ד	א	ס	כ	צ	ש	ע	צ

זר
הרים
קמפינג
שדה תעופה
פנאי
מלון
אי
מפה
ים
דרכון

מסע
מסעדה
חוף
מונית
תחבורה
חג
ויזה
אוהל
יעד
רכבת

71 - Barbecues

א	ס	ח	ן	ס	ג	ש	מ	ד	ח	א	ע	נ	מ	ט
ת	צ	ה	ב	כ	ר	מ	כ	ל	צ	ר	פ	ג	ש	ח
ם	ד	ש	י	י	י	ש	ת	ס	ף	ו	ע	ב	ח	כ
י	ף	ד	ש	נ	ל	פ	ס	ה	מ	ח	ל	מ	ק	כ
י	ר	ה	ו	י	ם	ח	ד	ר	ש	ת	צ	צ	י	ג
ר	מ	ק	ל	ם	ם	ה	ע	ס	ף	ע	ס	ש	ם	ף
ה	ע	י	ו	ש	ף	ג	א	ד	ת	ר	א	ס	ם	ן
צ	ט	ז	ע	ת	נ	ף	ט	ח	פ	ב	ע	ר	מ	נ
ת	כ	ו	ג	ו	פ	ב	נ	פ	ן	ט	ל	ב	ז	כ
ח	ם	מ	ת	ר	פ	ג	כ	ס	ף	ו	ב	ל	ל	ט
ו	ס	ף	כ	י	פ	ל	כ	ס	ע	ר	פ	מ	ג	ף
ר	ן	ל	ג	פ	ל	ח	מ	ץ	ף	ח	ל	ם	ו	ע
א	ם	ם	ט	נ	פ	ם	ם	י	ל	ד	י	ם	ת	ה
מ	ף	ת	ד	י	ל	ן	כ	ק	ד	ר	ף	ס	כ	נ
נ	ף	ת	ד	פ	ם	מ	פ	ד	ת	מ	ת	כ	מ	ר

ארוחת ערב
משפחה
פירות
מזלגות
ירקות
גריל
חם
עוף
רעב
ילדים

בישול
סכינים
ארוחת צהריים
מוזיקה
פלפל
סלטים
מלח
קיץ
רוטב
משחקים

72 - Küche

מ	ת	ס	מ	נ	א	ה	כ	ם	ד	ג	ס	ף	ן	פ
מ	ב	י	מ	פ	ם	מ	ו	ת	ו	י	פ	כ	כ	צ
צ	ל	נ	ת	ג	י	ן	ס	ו	נ	ע	ש	ס	ט	ד
ק	י	ר	ב	צ	נ	ת	ו	ג	פ	ו	ן	ל	נ	א
ת	נ	נ	ו	ע	י	ל	ת	ל	ש	ה	ר	פ	ג	א
א	י	ף	ן	פ	כ	ב	ח	ז	ת	ת	ע	ע	פ	ע
נ	ם	ת	ע	נ	ס	ה	ש	מ	כ	ד	מ	ע	ד	א
ת	מ	מ	ק	ל	ו	ת	א	כ	י	ל	ה	ף	ה	כ
ת	ג	ש	ן	ם	ט	ה	ג	א	ן	ל	ר	ב	ם	ח
ן	ף	מ	ם	פ	פ	ג	ר	י	ל	נ	ע	מ	ט	ם
ף	ס	ק	א	ל	ר	ו	ס	פ	ד	צ	ק	ן	ם	ן
ח	ס	ר	ן	א	ר	פ	ד	ק	ה	ם	ף	ח	א	ש
צ	ד	ר	ג	ש	ן	ס	ת	מ	מ	ם	מ	ם	א	ר
ם	נ	ש	ה	מ	ז	ו	ן	ק	ו	מ	ק	ו	ם	כ
ט	ס	ה	נ	ף	פ	ס	מ	נ	ח	א	ס	כ	צ	ע

סכינים
תנור
מתכון
סינר
קערה
ספוג
מפית
כוסות
קומקום

מזון
מקלות אכילה
מזלגות
מקפיא
תבלינים
גריל
מצקת
כד
מקרר
כפיות

73 - Schach

ס	ת	ט	ח	ה	י	ג	ט	ר	ט	ס	א	ף	מ	ס
ל	ט	ע	ר	ב	ש	ר	ג	ר	ה	ש	ט	ד	ג	ן
א	ה	ם	ט	נ	ר	ו	י	כ	א	ם	ב	ש	ב	ב
ת	ח	ת	ן	צ	מ	ח	ב	ב	א	ה	ד	כ	פ	פ
ע	צ	נ	ן	מ	ז	ש	נ	ש	ת	ר	ב	א	ט	ל
ת	צ	ה	ק	ר	ב	ה	ם	צ	ר	ם	ל	ל	ט	פ
ו	ח	ם	ח	ת	ן	מ	צ	ף	ג	ה	נ	ע	צ	מ
ד	ן	ר	ש	נ	נ	ם	ת	א	ר	א	ש	ף	ן	ס
ו	ע	ד	ו	מ	ל	ל	ס	ל	ה	ד	ט	נ	ה	ם
ק	ח	ש	מ	ת	פ	ר	ב	ע	ע	ה	ש	צ	ב	ח
נ	ה	ב	ב	ל	א	ד	ם	כ	ם	ט	ר	ה	ם	א
ט	ו	ר	נ	י	ר	ס	ת	ב	ה	א	ל	ו	ף	ס
ב	צ	כ	ט	א	כ	ם	ב	מ	כ	ר	ש	ל	פ	ן
פ	ס	י	ב	י	ש	ח	ם	י	ל	ל	כ	ר	ג	ב
א	ל	כ	ס	ו	ן	ב	ל	ת	מ	ך	ט	ם	צ	ס

אלוף
אלכסון
יריב
מלך
מלכה
ללמוד
הקרבה
פסיבי
נקודות

כללים
שחור
משחק
שחקן
אסטרטגיה
טורניר
לבן
תחרות
זמן

74 - Geographie

כ	ף	א	פ	ת	ל	י	ב	ש	ת	ע	י	ר	ק	ע
צ	ר	ו	ע	ף	ס	ם	ג	ט	ע	כ	ע	ו	ל	ם
מ	כ	ק	ש	ט	פ	ט	ס	ח	מ	פ	ה	ז	ה	י
ד	ד	י	ש	מ	ה	נ	י	ד	מ	מ	ב	א	ר	ד
מ	צ	י	ט	ש	ב	ר	ע	מ	ש	ש	ו	ם	ה	ס
ג	פ	נ	ר	ב	ע	ש	נ	ו	ת	ג	ג	ף	נ	מ
ג	א	ו	נ	פ	ר	ש	ו	פ	ב	ח	ו	ר	ו	ק
י	ר	ס	ש	ף	א	ה	א	ף	ד	צ	ס	ם	ר	צ
ס	ד	ל	ד	ת	ט	ש	ש	ס	ת	ס	ל	ל	ע	ן
ה	ה	ט	ר	ל	א	ט	ג	א	ס	ת	ף	ש	ב	כ
ח	ת	א	מ	ם	ס	ת	ב	ח	ש	כ	ח	ט	ן	ר
א	ס	ם	ט	כ	ס	פ	ע	ף	ג	ת	צ	ת	ע	ם
ד	מ	ב	ע	ד	ף	צ	מ	כ	ט	פ	כ	ף	ח	ג
ש	ט	ה	ר	פ	ס	י	מ	ה	ו	ן	ב	נ	ם	ן
ס	ג	מ	ר	י	ד	י	א	ן	ג	א	פ	ף	נ	ן

יבשת
מדינה
ים
מרידיאן
צפון
אוקיינוס
אזור
עיר
עולם
מערב

אטלס
קו המשווה
הר
קו רוחב
נהר
שטח
המיספרה
גובה
אי
מפה

75 - Zahlen

ש	ה	ס	ת	ת	צ	ש	ר	ב	מ	ס	פ	א	ש	א
מ	מ	ח	ס	ש	ע	ש	כ	כ	ע	מ	ש	ר	נ	ר
ח	ח	ו	י	ע	נ	ע	ג	ב	ע	ש	צ	ב	י	ב
ש	ג	ם	נ	ח	ג	ש	ת	ם	י	ר	ש	ע	ם	ע
כ	ט	ס	ו	ה	ף	ר	ש	מ	ו	נ	ה	ה	ע	ת
ת	ף	א	ר	ר	ע	ה	ג	ה	ש	ב	מ	ע	ש	נ
ב	כ	ף	ש	ש	ע	ש	ד	ר	ש	פ	ל	ש	ר	ם
ג	ט	ש	ע	ע	ג	ה	ר	ש	ע	ת	ט	ר	ד	כ
ש	ל	ו	ש	ע	ש	ר	ה	ע	מ	ע	ן	ם	צ	ף
ל	ג	ר	ע	ש	ט	נ	ע	ע	ג	ש	ע	ם	ל	ג
ש	נ	ל	ע	ת	נ	פ	צ	ב	כ	ל	ת	ר	ס	ן
צ	ח	ן	ל	ן	ל	כ	ר	ש	ע	ה	ש	י	מ	ח
ש	ב	ע	מ	ח	פ	ב	נ	ל	מ	ף	ר	ה	י	מ
א	ד	ח	נ	צ	מ	נ	ר	ו	ת	ט	ם	ס	ר	ם
ס	ט	א	ש	מ	ת	כ	ף	ש	ש	ב	ת	ב	ם	ש

שש
שש עשרה
שבע
שבע עשרה
ארבע
ארבעה עשר
עשר
עשרים
שתיים
שנים עשר
שמונה
שמונה עשר
עשרוני
שלוש
שלוש עשרה
חמש
חמישה עשר
תשע
תשע עשרה
אפס

76 - Kunst Liefert

ג	כ	א	ל	פ	ן	נ	כ	פ	ג	ר	צ	ג	פ	ף
ר	ן	ק	ר	ת	ס	ח	ר	ב	ף	א	ב	ן	ח	פ
ט	צ	ר	ל	ע	ח	מ	ה	מ	ל	ח	ע	ג	ם	מ
ת	י	י	ת	ו	נ	ו	י	ע	ר	ר	י	צ	ב	מ
ר	ו	ל	ד	צ	ג	ה	מ	ד	ד	ס	ם	ר	ח	ע
מ	ר	י	נ	ב	ט	פ	ט	י	ד	א	ש	ק	ם	ר
ד	ס	ק	ע	פ	ר	ו	נ	ו	ת	ו	א	ס	י	כ
ח	ע	י	צ	י	ר	ת	י	ו	ת	מ	ף	ש	ם	א
ג	ט	ע	ד	ן	ש	ב	ח	ס	א	ר	ב	ם	ש	נ
נ	ס	ב	צ	ן	מ	א	ר	מ	א	ש	צ	ם	פ	צ
ע	ט	ם	ט	נ	ן	מ	מ	י	ת	מ	ב	ה	ם	ד
מ	ע	ר	י	י	נ	ת	ן	ם	ת	צ	ה	ב	ב	ע
ת	ת	כ	ף	צ	צ	צ	נ	ח	ח	ת	ב	ק	ם	ח
פ	ש	צ	ר	ד	ף	מ	ט	ב	ל	ה	מ	ל	צ	מ
ן	ע	ע	ט	ן	ל	ש	ש	ף	ד	כ	ט	ס	ג	ע

שמן
נייר
מחק
כן ציור
כיסא
טבלה
דיו
חרס
מים

אקריליק
עפרונות
מברשות
צבעים
פחם
רעיונות
מצלמה
יצירתיות
דבק

77 - Tage und Monate

נ	י	ח	י	ו	ם	ר	ב	י	ע	י	ל	א	ס	י
ו	י	ו	ב	ן	ח	ל	ש	ף	ט	ח	ו	ד	ש	ו
ב	י	ו	ם	פ	ם	א	ר	ל	ח	כ	ן	ח	ע	ם
מ	ה	ו	ם	ש	ם	ן	ב	ע	ת	ר	מ	ש	ג	ש
ב	ל	ח	ם	ר	ל	י	ו	ם	ש	י	ש	י	י	ב
ר	ם	ר	ס	ש	א	י	מ	ן	מ	ף	ת	ש	נ	ת
ס	צ	ג	ם	ה	נ	ש	ש	י	ו	ל	י	נ	ו	י
ת	צ	ט	ש	ת	ד	י	ו	י	ד	פ	מ	מ	א	ה
ד	צ	מ	ב	ר	ם	ף	ס	ן	ד	נ	ס	ף	ר	ם
י	ו	ם	ח	מ	י	ש	י	א	ו	ק	ט	ו	ב	ר
ח	ה	ף	ל	ש	א	ו	ג	ו	ס	ט	ב	ס	ס	א
נ	ט	א	א	ב	ד	ס	ה	נ	ב	ר	ש	ח	א	ו
ן	ש	ח	א	ו	ת	א	כ	ט	ס	פ	ט	מ	ב	ר
ר	א	ס	ן	ע	ב	ת	ח	ג	ת	ן	ג	ם	נ	ב
ג	ן	ל	ו	ח	ש	נ	ה	ד	ן	ם	ד	ג	ם	פ

אוגוסט
דצמבר
יום שלישי
יום חמישי
פברואר
יום שישי
שנה
ינואר
יולי
יוני
לוח שנה
יום רביעי
חודש
יום שני
נובמבר
אוקטובר
יום שבת
ספטמבר
יום ראשון
שבוע

78 - Emotionen

ב	ס	ף	ר	ר	מ	ת	ר	ן	כ	ו	ת	ש	ס	צ
ב	ח	ח	ן	א	ם	פ	ש	כ	ע	ג	ע	ל	ש	ב
ל	ס	ד	ל	א	ט	צ	צ	ן	ס	ס	ם	ו	ל	ש
ה	נ	נ	א	ף	מ	ס	ס	פ	ב	ר	ו	ו	ג	ג
א	ס	י	ר	ת	ו	ד	ה	ב	ף	ס	מ	ה	ל	ר
ה	ם	ט	ע	ף	ג	ס	ש	ן	ש	ן	ע	ח	ל	נ
ט	מ	ט	ר	ד	פ	ח	ע	פ	נ	ה	ש	מ	כ	פ
ן	צ	ם	ח	ג	ם	ד	ת	ב	ם	ף	ע	ש	ע	פ
א	ן	ן	ד	צ	ד	ח	ם	צ	ה	ם	ל	ם	ר	ג
ה	ד	ה	א	ס	ע	ב	ח	ן	ב	ם	ע	נ	ג	ם
ב	ח	נ	ב	ו	ך	צ	ג	פ	ע	ש	מ	ל	מ	ן
ה	פ	ג	כ	ג	ר	ו	ב	א	ה	צ	צ	ר	ס	ה
פ	ד	ש	ג	מ	ג	ף	ר	פ	נ	ל	ה	ב	כ	א
מ	ר	ו	צ	ה	ס	כ	כ	ש	ל	ח	ג	א	ה	ר
ס	פ	כ	א	ה	פ	ת	ע	ה	מ	ס	ע	ג	ת	צ

שעמום
אהבה
שלווה
אהדה
עצב
הפתעה
כעס
רוך
מרוצה

פחד
נרגש
נבוך
אסיר תודה
רגוע
שמחה
חסד
שלום
תוכן

79 - Das Unternehmen

ח	ד	ש	נ	י	ף	ע	ד	ן	א	ף	ס	ן	ת	פ
ה	ם	ה	ת	ק	ד	מ	ו	ת	פ	א	ט	ח	ע	פ
ש	ף	ק	י	צ	י	ר	ת	י	ש	ה	ע	ק	ש	ה
ד	ת	ו	ג	כ	ל	צ	ב	ה	ר	ב	ח	ס	י	ש
ם	ט	ס	ר	כ	ט	ו	ד	ש	ו	ה	ף	מ	י	ה
נ	י	ע	ו	צ	ק	מ	נ	ם	ת	נ	מ	ב	ה	צ
ף	ר	ת	ה	ח	ל	ט	ה	צ	ם	ו	מ	ח	פ	פ
מ	ש	א	ב	י	ם	ע	ס	ק	י	ם	כ	ן	ן	ב
ד	א	ש	ל	ם	י	ח	י	ד	ו	ת	ס	י	ס	ה
מ	ת	ף	ח	י	ס	ב	ב	ה	ם	ט	מ	ט	א	ם
ג	צ	ה	כ	נ	ס	ו	ת	כ	ע	ג	מ	י	ד	ב
ג	ע	ג	ב	ו	א	ת	ר	כ	פ	ח	ס	נ	ד	ח
נ	ר	ר	ת	כ	נ	ע	נ	ג	ב	ע	א	ו	א	ף
א	ה	ג	ן	י	נ	ס	מ	נ	פ	ת	ש	מ	צ	כ
ם	ט	ג	ה	ס	ס	נ	ד	ת	ת	ף	ר	ב	מ	ף

שכר
אפשרות
מצגת
מוצר
מקצועי
איכות
משאבים
סיכונים
מוניטין

תעסוקה
יחידות
הכנסות
החלטה
התקדמות
עסקים
תעשייה
חדשני
השקעה
יצירתי

80 - Kräuterkunde

פ	ג	כ	מ	ף	ן	ש	ט	ע	ם	ח	נ	ש	ס	צ
ט	ט	ח	ב	נ	ע	ה	ם	ה	פ	ת	ה	ת	ף	א
כ	ג	ר	מ	ו	ש	ג	ה	ה	ש	ש	ו	ם	נ	מ
ד	א	פ	ו	ב	ה	כ	ס	כ	ל	ר	ג	כ	ג	ד
ן	ל	ש	ט	ז	ן	ר	ו	י	מ	ט	ח	ל	י	ן
א	ס	ח	ט	ת	י	ד	ה	ר	ע	ם	ם	ה	ר	א
ר	מ	מ	ם	ג	מ	ל	ם	ג	ג	פ	ס	ד	נ	כ
ו	מ	נ	ח	ל	י	י	י	ח	ט	מ	ר	ב	י	כ
מ	ד	ן	ג	ן	ט	ע	ח	ה	ר	ד	נ	ב	ל	ה
ט	ן	י	ר	מ	ז	ו	ר	ר	ג	ס	ד	פ	ו	א
י	ר	ר	ת	צ	ן	מ	ת	ע	ו	ש	צ	א	ק	ה
ג	פ	ו	א	ן	ט	ש	ר	ה	ן	מ	ד	ד	א	ן
ת	ע	ק	ן	ט	ת	ס	א	ב	ף	י	ם	ג	ב	א
א	ז	ס	ר	י	ח	ן	ע	ג	ה	ר	ד	א	פ	צ
ט	ב	מ	ר	כ	י	ב	ח	ע	ט	ף	ם	ר	מ	ס

ארומטי
ריחן
פרח
שמיר
טרגון
שומר
גן
טעם
ירוק
שום

קולינרי
לבנדר
מיורן
פטרוזיליה
איכות
רוזמרין
זעפרן
טימין
מועיל
מרכיב

81 - Aktivitäten und Freizeit

ן	ה	ל	פ	ש	ג	ר	ש	צ	נ	ף	א	נ	ל	ס
צ	ל	י	ל	ה	ה	ל	צ	ס	ר	ל	פ	מ	ף	ף
ג	ט	ג	ף	ל	ף	ף	א	י	ג	ר	ו	ף	ה	ג
ע	ן	ט	ט	ש	ל	כ	ש	ח	י	י	ה	ת	נ	ד
א	ד	נ	נ	צ	ס	ה	ב	י	י	ס	ב	ו	ל	ד
ה	ס	ד	פ	ע	ם	ט	ש	ע	ת	ל	ע	נ	ג	כ
פ	ש	ן	נ	ף	פ	י	ג	י	נ	ו	ן	מ	ב	כ
כ	ד	ו	ר	ג	ל	ו	ע	ג	ל	ל	ש	א	ר	ד
צ	י	ו	ר	נ	ן	ל	צ	ר	ס	ג	ל	כ	ט	ו
א	ת	ם	ק	פ	ב	י	א	מ	א	ן	ס	ל	ה	ר
ג	ו	ל	ף	מ	ה	ם	נ	ה	ץ	ו	ר	י	מ	ע
ד	י	ד	ם	ן	פ	ג	נ	ס	י	ע	ו	ת	נ	ף
י	נ	ש	א	ח	ט	י	ת	ש	נ	ג	ד	ט	ן	ט
ג	ק	ב	פ	ח	ט	ת	נ	מ	ת	ה	כ	ם	ר	נ
ש	ש	ת	פ	ת	ש	ח	ם	ג	ח	ד	ב	ח	ף	ל

דיג
בייסבול
כדורסל
איגרוף
קמפינג
קניות
מרגיע
כדורגל
גינון
ציור

גולף
אמנות
נסיעות
מירוץ
שחייה
גלישה
צלילה
טניס
כדורעף
טיולים

82 - Formen

ב	מ	ל	צ	ד	ג	ם	ס	ן	ט	ש	ב	ט	ר	מ
א	נ	צ	מ	ש	ת	ר	פ	ן	ח	ד	ה	ד	פ	ש
ה	נ	פ	ה	מ	ק	צ	כ	ח	נ	כ	ר	ר	נ	ו
ד	נ	ת	פ	צ	ט	ש	ס	נ	ח	ה	ת	מ	ש	ל
א	ה	ה	צ	ק	ו	ש	ת	ע	צ	מ	ע	ג	ל	ש
ח	ד	ם	ן	ח	ר	כ	ו	א	ט	ז	ן	ת	ן	ף
ס	י	צ	ף	ר	ח	ס	ו	מ	ה	י	י	ב	ו	ק
ס	מ	צ	ו	ל	ע	ט	צ	ט	ד	ר	ש	ן	ל	כ
נ	ר	ה	נ	י	ע	ה	ק	ב	ט	פ	ף	ס	ד	מ
א	י	ס	ח	ל	ח	ש	ע	ט	ה	צ	ע	ב	ה	ט
מ	פ	ס	ן	ג	מ	ד	פ	ט	כ	מ	ב	מ	א	נ
מ	ה	ר	פ	ס	ג	ל	ג	ל	נ	ף	ף	ף	נ	ד
כ	מ	ר	כ	י	כ	ע	ק	ו	מ	ה	ש	נ	ן	פ
ת	ט	ח	ש	ס	נ	ח	ע	ת	ם	ן	נ	ף	ל	ע
א	ל	י	פ	ס	ה	ה	ל	ו	ב	ר	פ	י	ה	מ

קשת
משולש
פינה
אליפסה
היפרבולה
קצוות
חרוט
מעגל
עקומה
קו

סגלגל
מצולע
פריזמה
פירמידה
כיכר
מלבן
צד
קובייה
גליל

83 - Musik

ק	כ	צ	צ	ר	מ	ז	ח	מ	ל	ר	כ	ט	פ	פ
ל	ה	ר	א	ש	ק	צ	ם	ב	צ	ח	פ	פ	ל	צ
ַ	ה	ר	א	ש	ה	מ	נ	ג	י	נ	ה	ה	פ	ה
א	ר	ר	מ	ז	ל	מ	ו	ז	י	ק	א	י	ף	א
ס	פ	ת	מ	ו	ה	צ	ר	ם	ח	צ	ד	ה	ף	ג
ִ	ו	ל	ע	ו	נ	נ	ב	ב	פ	ם	ם	ף	ן	ע
י	א	א	פ	ס	נ	י	ן	ו	פ	ו	ר	ק	י	מ
ד	ן	ל	ן	כ	ל	י	ה	ק	נ	ב	א	פ	ב	ש
ב	ל	ד	ה	ל	ש	ס	א	צ	ט	ל	ן	ט	ה	פ
ף	ח	ג	ם	י	ש	נ	נ	ב	ף	א	ד	ד	י	ל
ן	ע	ת	ת	א	ס	ג	ף	כ	א	ק	ן	ל	נ	י
א	ח	ב	ב	צ	ע	ס	נ	כ	כ	צ	ב	ם	ג	ר
ה	ר	ה	ח	נ	ט	מ	ש	כ	ב	ב	ן	א	ל	י
פ	ה	ק	ל	ט	ה	ל	צ	נ	ף	י	ג	ס	ה	ס
פ	ם	ר	א	ס	ח	נ	נ	ד	נ	א	ל	כ	ב	ש

אלבום
הקלטה
בלדה
מקהלה
הרמוניה
הרמוני
לאלתר
כלי
קלַאסִי
לירי

מנגינה
מיקרופון
מחזמר
מוזיקאי
אופרה
פואטי
קצבי
קצב
זמר
שר

84 - Antiquitäten

נ	ת	ן	ח	ט	ר	מ	ר	ל	ס	ג	נ	ו	ן	א
פ	ע	כ	ס	ן	כ	כ	ג	כ	ר	ל	ם	כ	פ	ו
פ	ג	ן	ד	ה	ס	י	ג	ל	ל	כ	ד	ב	ו	ת
נ	ש	ס	מ	ע	ך	ר	ע	ב	ר	ם	ג	כ	ד	נ
כ	ם	ף	ה	ם	ח	ה	ד	ר	ט	י	ל	נ	א	ט
ה	ג	א	ת	ר	נ	פ	ק	מ	פ	ט	ה	ד	צ	י
ש	ח	ג	ן	א	נ	ו	ו	צ	ש	י	ע	ט	ו	ט
ק	ס	ם	פ	ד	ה	מ	ר	ש	ן	ש	י	ל	י	נ
ע	מ	ח	י	ר	פ	ב	ט	ח	ת	כ	ט	ו	פ	ג
ה	ס	ע	ס	ר	ת	י	י	פ	ע	ת	ת	ס	צ	ל
ת	ע	ט	ב	ר	ו	ת	ב	ח	ט	ו	ה	י	ר	א
א	מ	נ	ו	ת	כ	י	י	ת	ד	ע	נ	פ	פ	ן
ע	א	ל	צ	ח	י	צ	צ	א	ט	ב	ש	ר	ס	ן
ה	כ	מ	א	ה	א	מ	א	ת	ל	ט	כ	י	ט	נ
ם	נ	ה	ם	כ	ג	ס	ד	ר	ר	מ	ס	ט	ג	פ

ישן
פריט
אותנטי
דקורטיבי
אלגנטי
גלריה
ציורים
השקעה
מאה
אמנות

ריהוט
מטבעות
מחיר
איכות
תכשיטים
פיסול
סגנון
יוצא דופן
מכירה פומבית
ערך

85 - Adjektive #2

ל	נ	ט	פ	ש	א	ע	ן	י	י	נ	ע	מ	ה	ר
ה	ן	צ	ש	ב	ם	ג	פ	צ	ט	צ	ח	ה	י	ע
ת	כ	ט	ם	ש	ח	ט	כ	י	ט	נ	ג	ל	א	ב
מ	ל	ו	ח	ב	ד	ש	ט	ר	נ	ב	ת	ג	ר	ס
פ	ת	כ	ש	ס	ש	ג	נ	ת	כ	צ	ר	ו	ח	ת
ר	ס	נ	א	ר	ט	נ	ל	י	ג	ר	ף	ה	א	ג
ו	ח	ה	ן	ד	כ	ט	ג	ד	מ	מ	ל	ד	י	כ
ד	ש	ל	ט	כ	ם	ט	ר	ל	ט	ב	ע	י	ר	ת
ו	ן	ל	ד	ר	ם	ב	ג	י	ט	מ	ר	ד	ב	ל
ק	ח	ט	ר	ר	ס	ל	ת	כ	ר	צ	ח	ח	ד	ש
ט	ת	י	א	ו	ר	י	ג	א	ם	ת	פ	ם	ז	ל
י	ת	א	ב	ר	ו	ט	פ	ל	ן	ן	ד	ש	כ	ק
ב	צ	ר	ל	פ	פ	צ	נ	ר	ם	ט	צ	צ	ף	ה
י	ל	פ	ן	א	מ	מ	ב	ר	ל	ף	ן	א	ה	מ
ף	ב	ר	ש	ם	ח	ש	ש	ד	צ	פ	ד	כ	ן	ע

אותנטי
מפורסם
תיאורי
דרמטי
אלגנטי
אכיל
טרי
בריא
רעב
מעניין

יצירתי
טבעי
חדש
רגיל
פרודוקטיבי
מלוח
חזק
גאה
אחראי
פראי

86 - Kleidung

ג	ם	י	י	ס	נ	כ	מ	א	ן	ף	נ	ב	מ	א
ל	י	ע	מ	ר	מ	ב	ע	ש	ח	ג	ו	ר	ה	א
א	ט	נ	ף	כ	נ	ע	ל	מ	ל	ל	צ	ן	ש	ה
ר	י	ס	ס	פ	פ	ע	פ	ל	צ	ע	י	ף	ר	פ
ח	ש	ה	נ	פ	ו	א	ב	ה	מ	ת	ל	ל	ש	ם
צ	כ	ר	ד	ו	ו	ס	ב	ב	צ	ט	ש	ט	ר	ת
ב	ת	נ	י	ת	מ	כ	ן	ת	ם	ל	ג	א	ת	ש
ש	ס	י	מ	ס	נ	ת	ס	פ	י	א	ו	א	ם	ף
מ	ג	ס	צ	נ	מ	ת	ל	צ	י	ה	ש	ח	כ	פ
ר	ד	פ	ד	ב	ל	ר	נ	ס	ב	ם	ד	ע	ר	ר
ג	צ	ף	ט	צ	כ	כ	ע	ח	ר	ד	ס	מ	פ	ג
ח	ר	ב	צ	ע	ד	ד	פ	י	ג	מ	ה	ג	מ	ש
ף	ב	ע	ת	ט	נ	ח	מ	ס	ס	ס	נ	צ	ש	ט
ח	צ	א	י	ת	ף	ד	כ	ו	ב	ע	נ	ב	כ	ם
ם	ל	ע	ח	ד	ן	ן	ס	נ	ד	ל	י	ם	ף	ט

אופנה
סוודר
חצאית
סנדלים
צעיף
פיג'מה
תכשיטים
נעל
סינר
גרביים

צמיד
חגורה
שרשרת
כפפות
חולצה
מכנסיים
כובע
ג'ינס
שמלה
מעיל

87 - Haus

נ	ה	ט	ג	ע	ד	ס	ב	ע	ס	ת	ס	ח	מ	ע
ן	פ	צ	א	ע	ד	ח	ט	כ	ב	כ	ת	ח	ט	ע
כ	ם	ל	מ	ף	ג	ה	נ	ט	ח	ב	ה	ב	א	פ
ף	ח	ם	ה	ט	ט	ב	כ	ג	ד	ד	ש	ט	ט	ד
ש	ס	ס	ג	כ	ס	ס	צ	ה	ר	ו	נ	מ	א	ב
כ	ר	נ	ב	ח	ת	ד	נ	צ	ש	מ	ף	ע	ה	ה
ל	ס	ב	ה	ן	ל	ד	ח	ן	י	ט	ו	ה	י	ר
ת	ף	ע	ד	ח	ל	ה	ל	ט	נ	ס	ע	ס	ש	ד
ח	ל	ו	ן	ס	פ	ר	י	ה	ה	ע	א	נ	ך	ח
ל	א	א	ג	ל	ח	ר	נ	ב	כ	ש	כ	ת	ת	ט
ק	פ	ר	ע	ת	ן	ג	נ	ו	ט	ה	ת	ה	פ	ע
מ	ר	א	ה	ר	ק	ת	ת	ר	ל	ג	פ	ע	פ	ט
ר	ח	י	ש	ב	ף	ש	ב	א	ת	ד	ה	נ	ה	ש
ג	ה	כ	ק	ג	ה	ן	ם	ן	ג	ר	ד	ל	ת	ג
ג	ע	ל	י	י	ת	ג	ג	ט	ם	ס	נ	ע	ל	ש

מטבח
מנורה
ריהוט
חדר שינה
ארובה
מראה
דלת
קיר
גדר
חדר

מטאטא
ספריה
גג
עליית גג
תקרה
מקלחת
חלון
מוסך
גן
אח

88 - Bauernhof #1

ט	צ	ב	ס	ד	ם	פ	מ	ס	ע	ן	ב	ח	ש	ח
כ	ת	ד	ט	ס	ח	ל	א	ר	ו	מ	ח	ק	מ	פ
ד	ד	ן	ן	ב	ז	ר	ו	א	ף	ס	ס	ל	ג	ע
ר	ב	ף	ד	ם	י	מ	ף	פ	נ	ב	ג	א	ס	ר
ב	ר	ש	ע	ץ	ר	א	ר	פ	ר	ה	ה	ו	ם	ת
ח	ו	ת	ל	ל	ד	ב	צ	ה	פ	א	ט	ת	ש	מ
נ	ע	ע	ת	ב	ם	ר	פ	ח	ט	ס	ג	ם	מ	ג
מ	ס	צ	ן	ע	ד	ב	ו	ר	ה	ש	ד	ה	כ	ס
ב	ד	ח	ט	ר	ה	ל	ו	ת	ח	ל	ת	ב	ש	כ
ר	ע	ש	נ	ן	ל	כ	ם	פ	ח	כ	צ	ג	ט	ה
ג	ג	ח	ח	ד	מ	ם	ן	ע	ר	ר	ד	ד	ת	ג
ף	ד	ב	כ	צ	ג	צ	ר	ל	ם	ף	ל	ן	ע	פ
צ	ר	ר	י	צ	ח	ע	ע	נ	צ	ר	פ	ן	כ	ח
ן	ס	ט	נ	ם	נ	ז	ן	ד	ש	ן	ת	ב	ה	ע
ן	פ	ף	פ	ף	ע	מ	ף	ח	ה	כ	ח	ם	מ	ף

דבורה
דשן
חמור
שדה
חציר
דבש
עוף
כלב
עגל
חתול

עורב
פרה
ארץ
חקלאות
סוס
אורז
חזיר
מים
גדר
עז

89 - Regierung

צ	ש	צ	ה	ז	ד	ה	א	ו	מ	ה	ד	ט	פ	ר
ד	ב	ס	ק	כ	א	ת	ב	ט	צ	ט	פ	ה	מ	ד
ש	ו	ו	י	ו	ן	נ	נ	ר	ב	ר	ב	י	ד	א
ת	ב	ם	ט	י	ש	ג	ף	ד	ב	ד	צ	ל	ם	פ
ן	ן	ד	י	ו	ן	ד	ת	ס	ע	נ	ה	ף	ל	מ
ם	ן	מ	ל	ת	ג	ו	ר	ג	ש	א	מ	א	ר	ל
ש	ף	ס	ו	ו	ם	ת	א	ב	ל	ף	פ	ן	א	צ
ר	כ	צ	פ	א	ב	ת	ע	ח	י	ת	פ	ו	ס	פ
מ	ג	ח	א	מ	צ	א	ד	ב	ו	ח	מ	ט	ן	פ
ד	ס	מ	ם	צ	ד	מ	נ	ל	ר	י	ת	ס	ב	ש
ר	ת	נ	ח	ע	ק	ד	צ	ש	ו	ג	ר	צ	י	ן
כ	ע	ו	נ	ס	ף	ג	נ	ף	ב	ט	ר	פ	מ	ה
ח	ק	ל	מ	ס	ק	ו	ח	ח	י	ר	ו	ת	ן	ף
ה	ב	ה	י	ט	ר	ק	ו	מ	ד	ט	ב	א	נ	ל
נ	ג	ש	צ	מ	ש	ט	פ	מ	י	ת	ת	צ	ג	ן

דמוקרטיה
אנדרטה
דיון
התנגדות
חירות
שליו
צדק
חוק
שוויון
שיפוטי

אומה
לאומי
פוליטיקה
זכויות
דיבור
מצב
סמל
עצמאות
חוקה
אדיב

90 - Berufe #1

ד	פ	כ	ע	ח	ן	פ	ש	ג	ג	ל	ע	ן	פ	ב
ו	ס	ס	צ	ו	ג	ר	ו	א	ה	ח	ש	ב	ו	ן
ק	נ	ל	ס	ר	ר	י	ר	ג	ש	נ	א	ע	ט	ף
ט	ת	ם	נ	ס	פ	ך	ת	ס	ש	צ	פ	ל	נ	ת
ו	ר	מ	ר	ב	ף	ע	ד	י	י	צ	ס	ט	ר	ן
ר	ן	ת	כ	ש	י	ט	ן	י	א	ק	י	ז	ו	מ
ש	ג	כ	ר	ש	א	ם	צ	מ	ן	ה	כ	ף	ב	ל
ת	ת	י	ם	ח	ק	ע	ן	ן	נ	ת	ו	מ	כ	ס
מ	ב	ם	א	ם	נ	ש	ב	ת	ס	ג	ל	כ	ע	ג
א	מ	כ	ג	ו	ב	א	ם	ת	מ	ב	ו	כ	ש	ב
מ	פ	ע	פ	ש	ל	כ	ח	ן	ס	נ	ג	ר	כ	מ
ן	ר	נ	י	ר	ט	ו	ד	ו	מ	כ	ו	נ	א	י
ע	ח	א	ס	ב	ף	נ	ג	ג	ת	מ	ע	ש	ש	ע
א	מ	ן	ף	ר	ג	ו	ט	ר	ק	ר	ק	ד	ן	צ
ב	ת	ן	ע	ב	א	ס	ט	ר	ו	נ	ו	ם	ד	ע

אחות
אמן
מכונאי
מוזיקאי
פסנתרן
פסיכולוג
עורך דין
רקדן
וטרינר
מאמן

דוקטור
אסטרונום
בנקאי
שגריר
רואה חשבון
גיאולוג
צייד
תכשיטן
קרטוגרף
שרברב

91 - Adjektive #1

ף	ח	ש	ע	מ	ו	ד	ר	נ	י	ת	ו	נ	מ	א
ט	ך	מ	כ	צ	כ	ס	מ	מ	י	ט	מ	ו	ר	א
ש	ו	ת	נ	מ	ת	ג	ב	ג	ל	נ	ה	מ	ס	ד
ק	ש	ס	ה	א	ק	נ	ע	ב	א	כ	ד	ה	ז	ר
ת	ח	ב	פ	ד	מ	ט	ב	ש	ר	א	פ	ר	א	נ
א	ד	ת	י	ף	צ	ד	ף	ש	ל	ט	כ	ג	נ	ח
ט	ט	א	ל	פ	ל	ג	ב	א	א	ר	ם	י	מ	ת
ט	ה	ש	ע	ח	ח	ד	כ	א	ח	ק	ל	ר	מ	פ
ן	ן	א	ש	ד	ב	א	ם	ס	ש	ט	ש	ב	ח	ז
ס	ר	א	א	ת	ח	נ	ה	ש	ו	י	ו	ב	ה	פ
ת	ה	פ	ל	ח	ח	מ	ש	ל	ב	ב	מ	ה	ע	נ
ה	ה	ע	פ	ט	ח	פ	ף	ל	ר	י	י	ט	י	א
ס	ף	י	ר	ל	ס	ד	ר	ב	נ	ג	ת	ב	מ	ד
ה	ל	ל	ט	צ	ש	ט	ם	ט	א	ר	ק	י	ף	ל
ש	נ	צ	ה	ט	ג	ט	ל	ח	ו	מ	פ	ן	ח	ל

מוחלט
פעיל
ארומטי
אטרקטיבי
חשוך
רזה
כנה
שמח
זהה
אמנותי

איטי
מודרני
מושלם
ענק
יפה
כבד
עמוק
תמים
יקר
חשוב

92 - Geometrie

ן	ט	נ	ח	ב	מ	ד	כ	ס	ל	ג	ע	מ	צ	ל
פ	ש	ה	ש	ה	ס	ר	א	צ	י	ג	ט	ש	נ	ו
ב	ר	מ	מ	ד	ה	ט	ט	ט	ב	ל	ק	ו	ג	ג
ד	ע	ו	ח	י	ש	ו	ב	ס	ק	ב	ד	ו	ח	י
ת	ר	ק	פ	ת	ל	ק	ג	מ	מ	ב	ת	א	ת	ק
ת	י	ע	א	ו	ע	כ	ט	ש	ה	מ	ע	ה	ן	ה
ע	ר	א	ע	ף	ר	מ	ב	ו	צ	ג	ש	א	ט	פ
א	פ	מ	ו	ן	ר	צ	ן	ל	ר	ב	ל	ט	ם	ן
מ	ס	פ	ר	ר	ג	ח	י	ש	ג	ו	ב	ה	ח	נ
ג	ח	ס	ת	כ	י	א	ק	ה	ז	ו	ו	י	ת	פ
ר	פ	ש	כ	י	ם	ה	פ	צ	ב	ג	ם	ד	ס	ם
כ	ס	ם	ת	כ	ף	ם	ו	ן	ט	ה	א	ב	פ	ר
ע	ה	ן	ב	ג	ב	ל	א	פ	ט	ח	א	ה	ן	פ
ד	ט	ע	מ	ש	צ	ע	ט	ט	ד	ת	ח	ת	ה	ח
ש	ס	ע	ד	ס	י	מ	ט	ר	י	ה	ת	ח	א	מ

לוגיקה
מסה
מספר
משטח
מקביל
כיכר
קטע
סימטריה
תיאוריה
זווית

פרופורציה
חישוב
ממד
משולש
קוטר
משוואה
אופקי
גובה
מעגל
עקומה

93 - Jazz

ז	א	ח	ב	ש	ס	ד	מ	כ	צ	ג	נ	ט	ג	כ
ד	א	צ	ם	כ	י	ף	ל	ר	כ	ה	מ	ל	ם	י
ע	כ	נ	ס	ף	צ	ר	ח	ח	ס	ת	ג	ת	ה	ש
ד	פ	צ	ר	פ	ג	נ	י	י	ש	ן	ב	מ	ר	ר
צ	ג	ן	ו	נ	ג	ס	ן	ר	ח	ס	ו	ל	ו	ו
ת	נ	ר	פ	מ	ח	נ	ט	ט	ן	ד	ל	ט	ת	ן
ף	ת	נ	מ	נ	ה	ל	ב	פ	ס	ש	ש	כ	ל	ם
ת	ר	ב	ר	ט	ד	א	מ	ן	פ	כ	ם	נ	א	ע
מ	ו	ז	י	ק	ה	ד	מ	ה	ט	ר	ס	י	מ	ח
ש	מ	ף	ש	ר	ה	ש	ג	ק	ד	ן	ד	ק	ח	ת
ר	ז	ס	ג	מ	ח	ט	ר	צ	נ	ו	ק	ה	ת	מ
ס	ת	ש	ם	ח	ט	ל	ם	ב	כ	ר	ה	ת	ב	ש
א	ב	כ	ב	מ	ו	ע	ד	פ	י	ם	ו	ב	ל	א
מ	ו	ז	י	ק	א	י	ם	ג	א	ב	ף	ג	ט	ר
ע	מ	ט	כ	ס	כ	ן	ם	ס	ת	ת	ת	ם	ג	ע

אלבום
ישן
מפורסם
מועדפים
ז'אנר
אלתור
מלחין
קונצרט
אמן
שיר

מוזיקה
מוזיקאים
חדש
תזמורת
קצב
סולו
סגנון
כישרון
טכניקה
הרכב

94 - Mathematatik

ח	ן	מ	ע	כ	ל	ב	ר	מ	ל	ב	ן	ס	מ	ט
ח	ג	ש	ל	מ	ם	ף	ל	ע	כ	ר	ו	ם	ס	ע
ט	ר	ו	ר	ט	ו	ק	ר	ר	ה	ה	ב	ד	ר	א
ל	ל	ל	כ	ה	ב	י	ם	י	ס	ף	ש	ת	מ	ל
ח	נ	ש	י	נ	ס	ה	ר	ך	ת	ב	ח	מ	ש	ש
ל	פ	א	כ	ג	ע	ט	מ	צ	ו	ל	ע	ר	ו	כ
מ	ח	ס	ח	ש	מ	מ	ף	ש	ת	ל	ט	ר	ו	ר
ף	ש	ב	ר	י	ז	ו	ו	י	ו	ת	א	ח	א	ה
נ	ש	ו	ס	כ	ה	ט	ט	ת	ת	ב	ר	ג	ה	ד
פ	נ	ם	י	ר	פ	ס	מ	ל	י	ב	ק	מ	מ	ב
י	ף	ד	ף	ף	פ	פ	ג	ל	ל	ע	ל	ל	ם	ס
כ	ב	ם	ג	א	ו	מ	ט	ר	י	ה	ס	ד	פ	ח
ף	ה	מ	ד	ן	ס	ם	ם	ד	ב	א	ת	ג	ם	מ
ל	ט	ר	ר	ר	ד	ב	ל	ד	ק	ר	ע	ן	ף	ג
ח	א	ד	ם	ף	ר	מ	צ	ן	מ	פ	ש	ם	ב	ר

חשבון
שבר
עשרוני
משולש
קוטר
מעריך
גאומטריה
משוואה
מעלות
מקביל

מקבילית
מצולע
כיכר
מלבן
סכום
סימטריה
היקף
נפח
זוויות
מספרים

95 - Messungen

ס	ע	ת	ח	ם	ח	ד	א	פ	ג	ע	ס	ל	ע	ב
צ	נ	ב	פ	ל	ש	ס	י	נ	ד	ו	ת	ט	ש	ס
ם	ר	ג	ו	ל	י	ק	נ	ד	ם	ש	ב	ה	ר	ב
ט	ט	ו	ן	ס	ם	ב	ץ	ק	ע	ע	ם	ה	ו	ג
ח	מ	נ	ח	ת	ש	ש	ד	ה	ס	מ	ח	פ	נ	כ
ן	ת	ת	ם	ב	א	צ	ט	ל	ח	ט	ם	ן	י	נ
ג	ב	ר	ל	מ	ח	נ	ר	פ	א	פ	ן	ת	נ	ן
ל	י	ט	ר	ט	מ	י	ט	נ	ס	א	ג	ם	ם	ף
ק	ח	מ	ג	ל	כ	ה	ן	כ	ב	ף	ט	פ	ל	ר
ש	ר	ו	ה	ף	ם	ת	ף	ף	ג	ג	ר	ם	ת	א
מ	ב	ל	ג	ת	א	כ	ת	ע	ג	ט	ף	ל	ן	ל
ב	ת	י	ך	ר	ו	א	ה	ם	כ	ל	ג	ה	נ	ה
ס	ר	ק	ת	א	ע	ו	מ	ק	צ	ס	ן	ן	ל	ן
ן	ם	א	ט	ו	ן	צ	ט	ר	ף	מ	ג	צ	ח	ף
ע	פ	ח	נ	ת	י	י	ק	נ	ו	א	א	ט	ג	כ

רוחב
בית
עשרוני
משקל
תואר
גרם
גובה
קילוגרם
קילומטר
אורך

ליטר
מסה
מטר
דקה
עומק
טון
אונקיית
נפח
סנטימטר
אינץ

96 - Boxen

כ	ס	ה	ן	ס	ן	ב	ט	ל	מ	ב	ע	ח	ג	מ
ם	ט	צ	ן	ג	כ	ס	נ	ט	ר	ד	כ	ו	ו	ר
ף	ם	ל	ו	ח	ם	א	ש	ו	פ	ט	ף	ק	ע	ח
ח	ד	מ	מ	ר	ו	ז	ח	ש	ק	א	ד	ח	ש	ן
ב	ר	ס	ע	ס	ם	ר	מ	ב	ן	א	ת	צ	ן	כ
ל	ש	ע	פ	ס	ם	פ	ט	ב	פ	ח	ב	ס	ח	מ
י	כ	י	ן	ה	ס	ד	ה	ע	ר	פ	ל	מ	ש	ו
ם	נ	ל	ג	ף	ו	ר	ג	א	ת	ו	פ	פ	כ	ת
ה	ת	ן	פ	ת	ב	י	ר	י	ו	ה	ש	ה	ן	ש
א	ת	ו	ד	ו	ק	נ	ד	ח	ע	ב	צ	ל	ע	ע
ט	ד	צ	ש	נ	ן	צ	ט	כ	י	ה	ט	י	ע	ב
ה	ת	ב	ג	מ	ה	ל	מ	כ	צ	ר	כ	ח	פ	ת
ע	צ	א	ה	ו	מ	פ	ל	ד	פ	ה	ר	ס	ג	א
ה	ר	ה	ש	י	מ	ג	ן	ט	ב	ח	ר	ח	ו	ב
ה	ף	א	ע	מ	פ	ר	ן	ח	ה	ף	ס	ש	ט	מ

בעיטה
סנטר
גוף
נקודות
שחזור
שופט
חבלים
כוח
פציעות

פינה
מרפק
מותש
אגרוף
מיומנות
מוקד
יריב
פעמון
כפפות
לוחם

97 - Bauernhof #2

ק	ר	י	ח	ה	ם	ב	ש	ם	ט	א	ל	ט	פ	ם
כ	ב	ש	י	ם	ת	ע	ט	א	ע	ס	ר	י	ת	ח
ת	ד	ק	ו	א	ו	ו	ז	י	ם	א	ו	ף	ל	ו
ע	ש	ש	ת	ר	ח	ס	מ	מ	ס	ש	ט	ב	ד	ר
ה	ה	ף	ה	ר	א	ט	ח	צ	א	א	ק	ף	פ	ת
צ	ר	ח	ט	כ	נ	ח	ל	ג	ל	י	ר	ח	מ	נ
ה	ב	ס	י	ן	פ	ע	ן	ה	א	כ	ט	ש	ל	ח
ל	ע	ב	ח	א	ע	ם	א	צ	מ	ר	פ	ן	ף	ט
ן	ה	צ	ב	ע	ב	ב	ג	ם	ה	ד	ש	ע	ע	ר
ב	ם	א	ש	א	ה	ד	א	ס	ס	צ	ס	ג	ם	ף
פ	ג	ד	ל	ר	ד	ט	ם	ג	ט	ם	ע	ן	ת	ת
י	ע	ח	ס	ע	ר	פ	ב	א	ל	ז	ו	ו	ר	ב
ר	ל	ם	כ	ס	מ	ת	ע	ש	ה	ט	פ	ז	ו	א
ו	ג	א	ף	ן	ד	מ	ף	ט	ף	ח	מ	מ	ו	ף
ת	ב	מ	ה	ב	ש	ר	מ	ה	ף	א	כ	ר	כ	ת

טלה
תירס
חלב
כבשים
אסם
חיות
טרקטור
חיטה
אחו
טחנת רוח

איכר
השקיה
כוורת
ברווז
מזון
פירות
אווזים
ירק
שעורה
לאמה

98 - Berufe #2

ח	ר	כ	ב	ן	ט	ם	ל	צ	ס	ע	ח	ל	א	א
ו	ל	ן	ף	ש	ט	מ	ם	ר	ד	י	ט	ה	ח	ת
ק	ח	ג	ו	ל	ו	י	ב	מ	נ	ת	ח	ע	ת	ע
ר	א	ת	ס	ב	א	מ	ו	ר	ה	ו	ה	ב	ף	ר
מ	ר	צ	ו	ש	נ	ף	ם	י	מ	נ	כ	ר	ו	ם
מ	ח	ד	ל	ג	ו	ן	ח	י	ה	א	ג	פ	ע	ט
ב	צ	ר	י	ס	ר	ו	פ	א	ס	י	א	ס	ה	י
ר	א	ן	פ	ד	ט	כ	ט	מ	ר	ש	י	ג	ן	י
ט	ם	כ	ס	ב	ס	פ	ר	נ	י	ת	צ	ת	נ	ס
ע	ט	ג	ה	ל	א	ן	נ	ה	ל	מ	כ	מ	ף	ב
ג	מ	נ	ן	ש	ח	ף	י	צ	ד	נ	מ	ף	ם	ג
ת	כ	ן	ג	ב	ש	י	ד	ן	ד	א	ר	י	י	צ
ה	ב	ב	ש	כ	ם	ת	ח	ג	ו	ל	ו	א	ו	ז
מ	מ	ה	ט	מ	ן	צ	ת	ן	ש	ס	ג	מ	ה	נ
ת	ל	ה	ש	ב	ל	צ	ט	ד	ן	ה	א	כ	ב	ן

רופא
אסטרונאוט
ספרנית
ביולוג
מנתח
בלש
ממציא
חוקר
צלם
גנן

מאייר
מהנדס
עיתונאי
מורה
בלשן
צייר
פילוסוף
טייס
רופא שיניים
זואולוג

99 - Wetter

ח	ב	ט	ו	ק	ה	מ	ם	ב	כ	ר	ו	ח	כ	ם
ש	ם	ט	ד	ש	ר	ש	ו	ף	ל	ג	ש	ת	ל	ר
מ	י	י	נ	ת	י	ב	ב	נ	ח	ם	ר	ל	ה	ר
ן	ל	פ	ר	ע	ו	כ	מ	ם	ס	פ	ש	מ	מ	ג
ל	ק	ו	ו	ה	ו	ת	א	ג	ת	ו	ח	ט	ר	ד
ס	א	ר	ט	כ	א	ם	ם	ח	פ	ה	ן	נ	ד	ף
ע	פ	ט	ב	ה	כ	ג	ד	ט	פ	כ	נ	ס	ט	ף
ר	י	ט	ב	ר	ף	כ	ן	ף	ס	ס	ע	ט	פ	ב
ה	ב	פ	ש	ו	ס	ם	ן	ע	צ	מ	ג	ט	ע	מ
ת	ש	ר	ק		ם	ס	צ	ק	ב	ם	ד	ל	ל	ס
ד	ד	ן	ר	ח	ן	ם	ת	נ	י	ע	ה	ר	ח	מ
ף	פ	ה	ח		ב	א	ב	צ	ו	ר	ת	צ	ם	ת
ג	ד	פ	ס	ש	ן	ח	ט	צ	ל	ף	ו	ג	ם	ס
פ	א	ט	מ	פ	ר	ו	ט	ר	ה	פ	ת	ה	ף	ר
ם	ר	ק	י	ע	ב	ס	ה	א	ף	מ	ר	ג	ף	ה

אווירה
ברק
רוּחַ
רעם
בצורת
קרח
רקיע
הוריקן
אקלים
מונסון

ערפל
הקוטב
קשת
סערה
טמפרטורה
טורנדו
יבש
טרופי
רוח
ענן

100 - Chemie

מ	ס	ם	ט	צ	ר	ל	ע	ג	ף	מ	ט	צ	צ	ת
ם	א	ע	פ	מ	ה	ע	ר	ר	מ	מ	מ	נ	ר	ג
ח	ג	ת	ע	נ	פ	ח	ח	ן	נ	ל	א	ר	א	ו
ל	מ	ג	ר	ף	ן	ר	ש	ן	ב	נ	ם	ה	ו	ב
מ	א	צ	מ	ע	נ	ת	ט	ח	ו	מ	צ	ה	ר	ה
א	ר	ז	ן	מ	ש	ק	ל	ו	ח	ף	ח	א	ג	ד
פ	צ	ר	ו	ל	כ	ס	נ	ם	ר	ש	ל	ל	נ	ד
ד	ף	ז	ר	ז	י	א	ה	ם	ן	ה	פ	ע	י	ח
ט	א	ג	ט	ו	ו	ג	ל	ף	ש	ב	צ	ב	ף	פ
א	ת	ר	ק	נ	ן	ש	ו	ק	ל	ט	ס	ן	ר	ת
צ	ר	פ	ל	ר	מ	ל	ק	ש	ל	צ	ב	מ	ר	מ
ד	ת	ה	א	ן	ח	ס	ל	י	נ	י	ע	ר	ג	י
ד	ר	ח	כ	ף	פ	ע	ו	ף	ב	נ	י	ם	ת	מ
ף	ן	ו	ף	ה	ת	צ	מ	ף	ח	ס	ט	ן	א	ן
ה	ב	ם	י	ז	נ	א	צ	פ	ל	ב	ן	ש	א	נ

אלקליין
כלור
אלקטרון
אנזים
נוזל
גז
משקל
חום
יון
זרזז

פחמן
מולקולה
גרעיני
אורגני
תגובה
מלח
חמצן
חומצה
טמפרטורה
מימן

1 - Gesundheit und Wellness #2

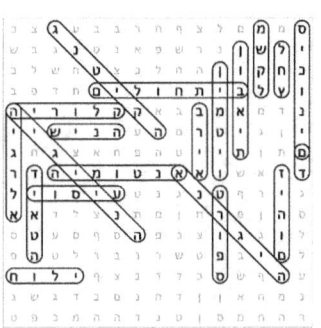

2 - Ozean

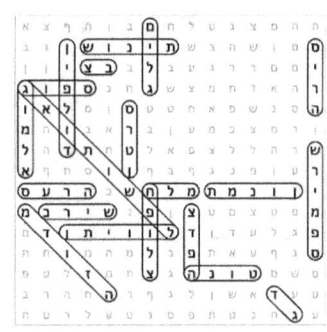

3 - Krankheit

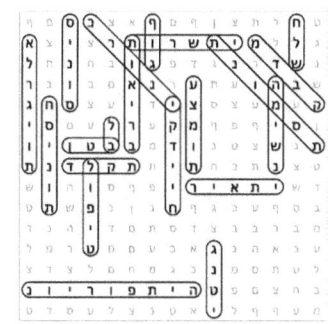

4 - Meditation

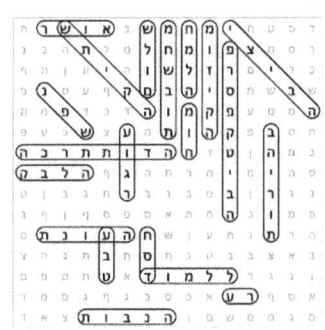

5 - Archäologie

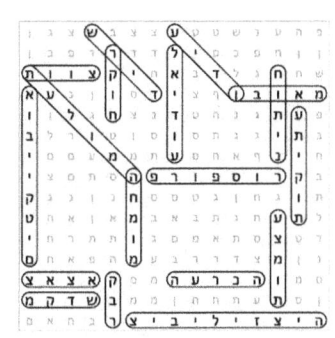

6 - Gesundheit und Wellness #1

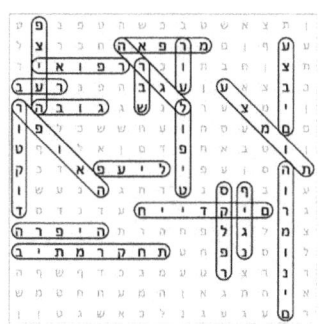

7 - Obst

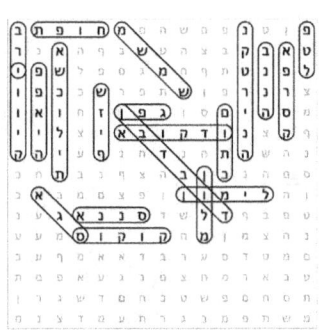

8 - Universum

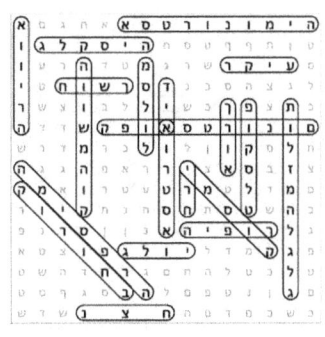

9 - Camping

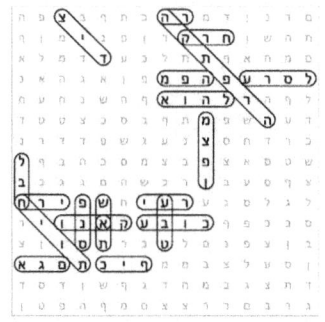

10 - Zeit

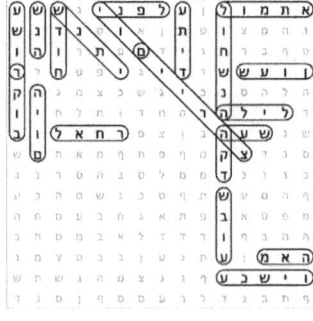

11 - Säugetiere

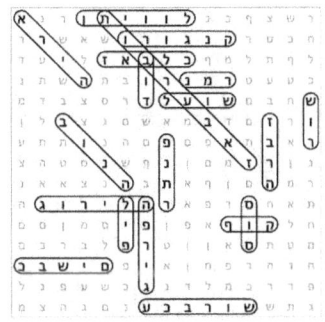

12 - Algebra

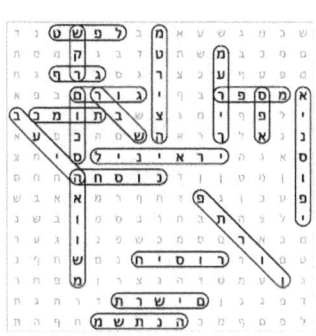

13 - Diplomatie

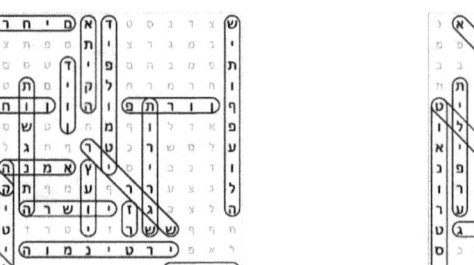

14 - Astronomie

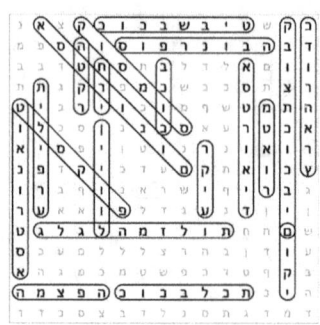

15 - Ballett

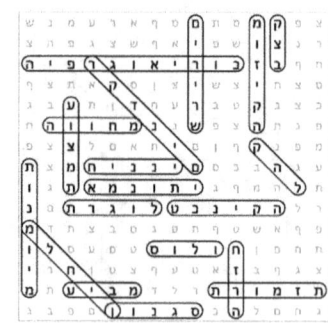

16 - Strand

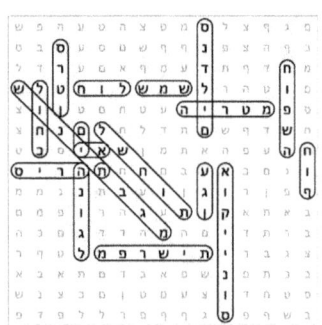

17 - Geologie

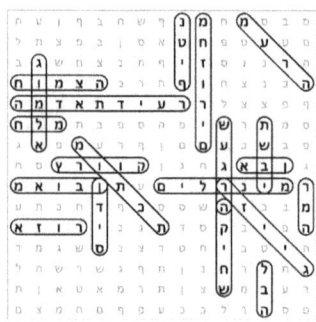

18 - Wissenschaft

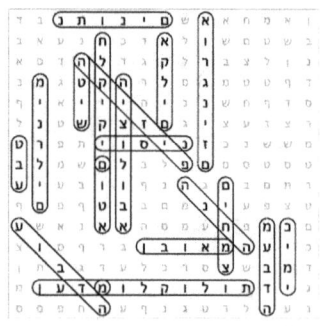

19 - Bildende Kunst

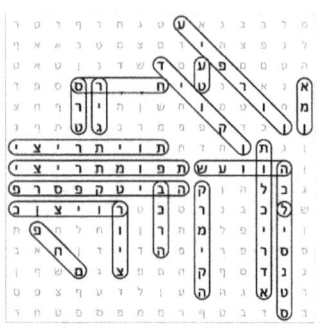

20 - Sport

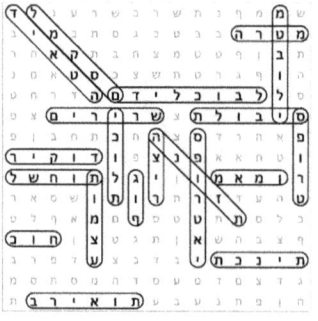

21 - Mythologie

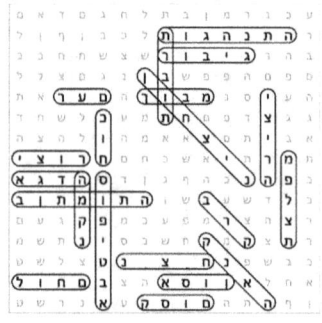

22 - Restaurant #2

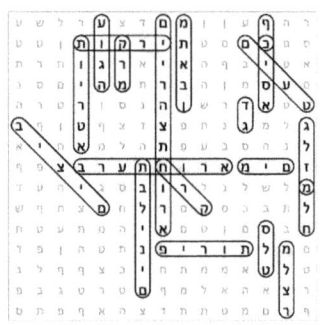

23 - Schokolade

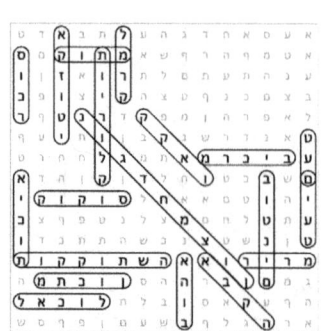

24 - Boote

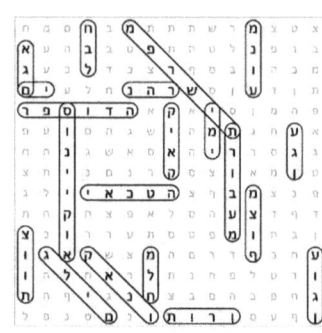

25 - Stadt

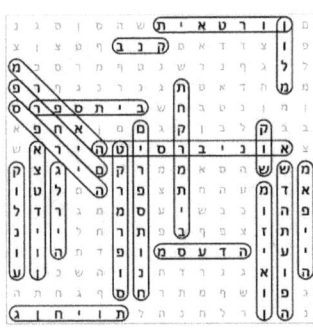

26 - Aktivitäten

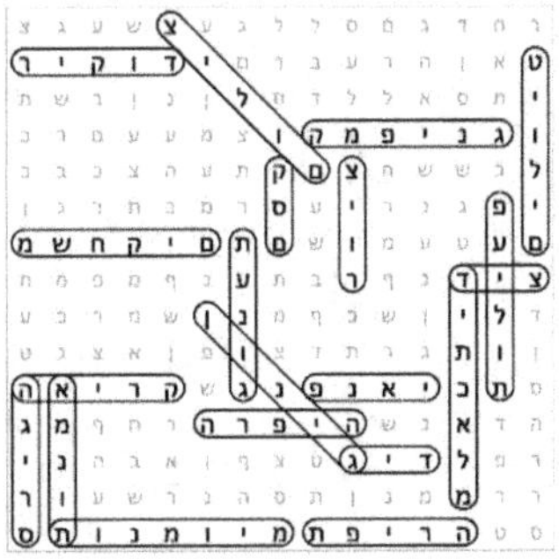

27 - Bienen

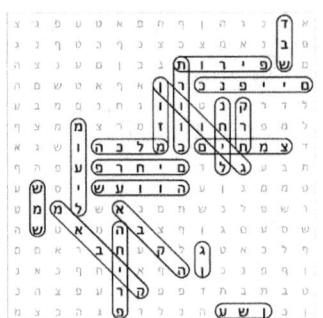

28 - Wissenschaftliche

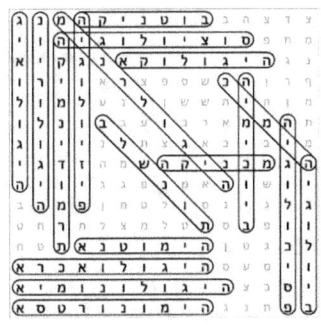

29 - Vögel

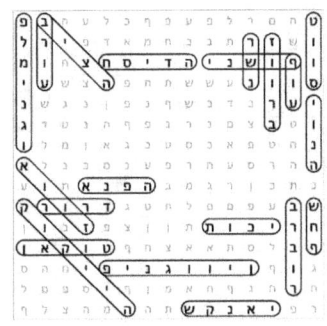

30 - Biologie

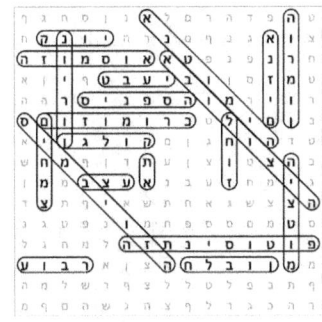

31 - Elektrizität

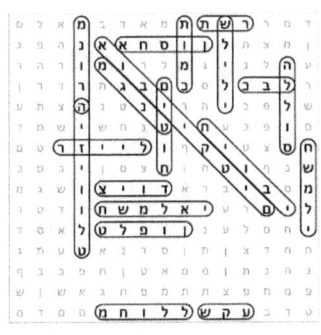

32 - Antarktis

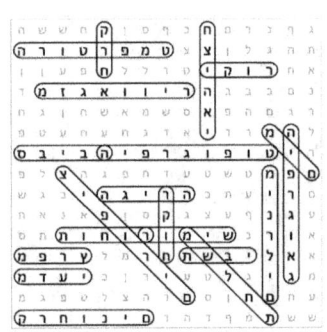

33 - Fahren

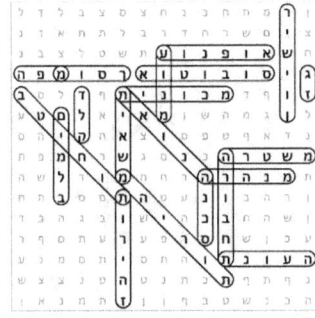

34 - Physik

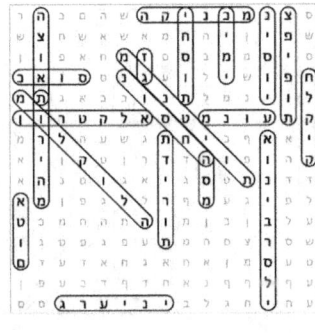

35 - Bücher

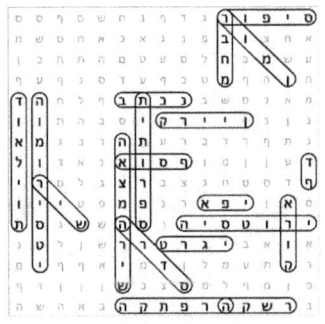

36 - Menschlicher Körper

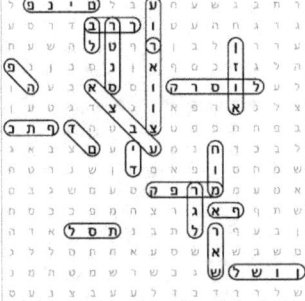

37 - Agronomie

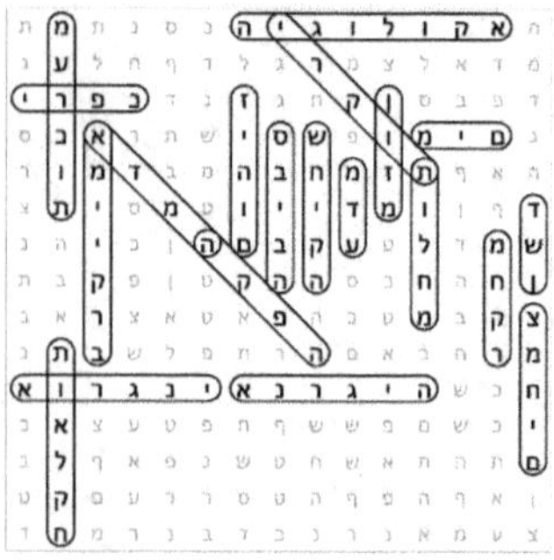

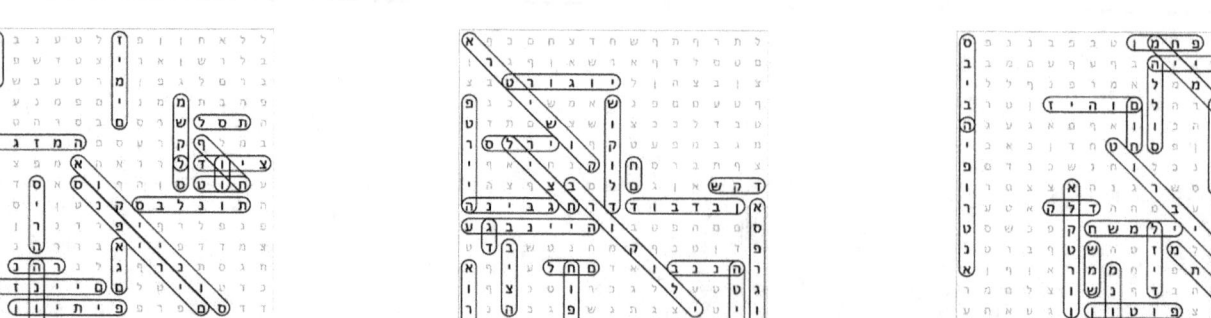

38 - Landschaften

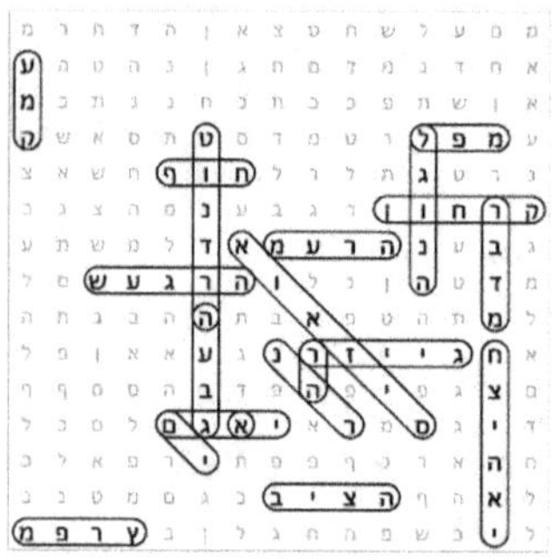

39 - Abenteuer

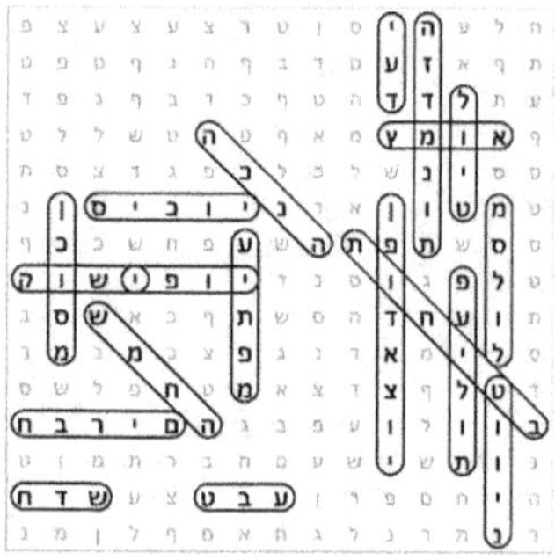

40 - Flugzeuge

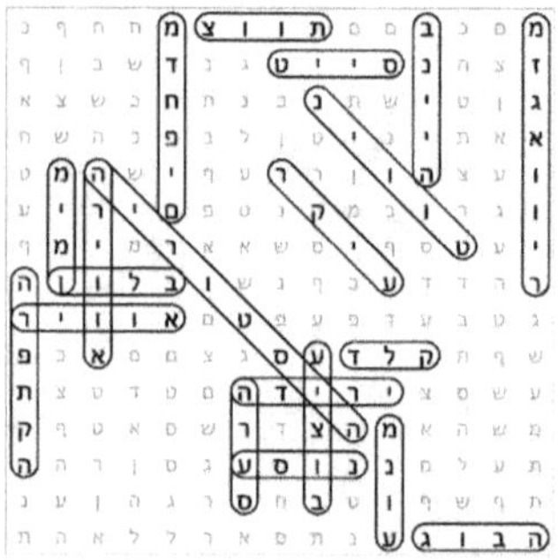

41 - Haartypen

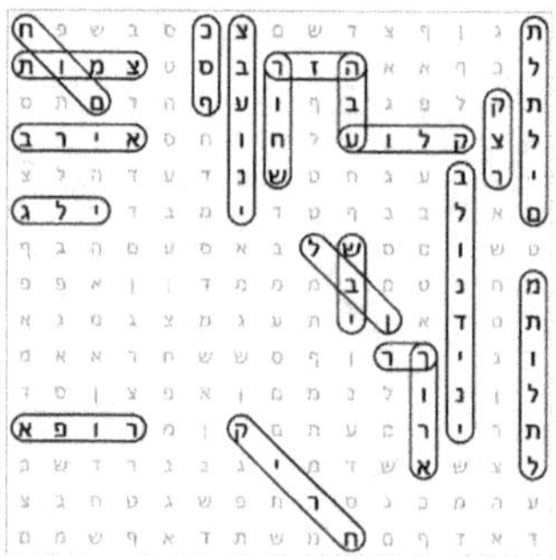

42 - Essen #1

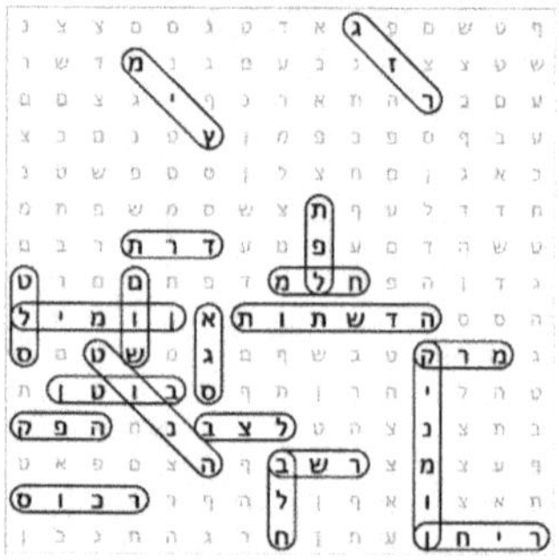

43 - Ethik

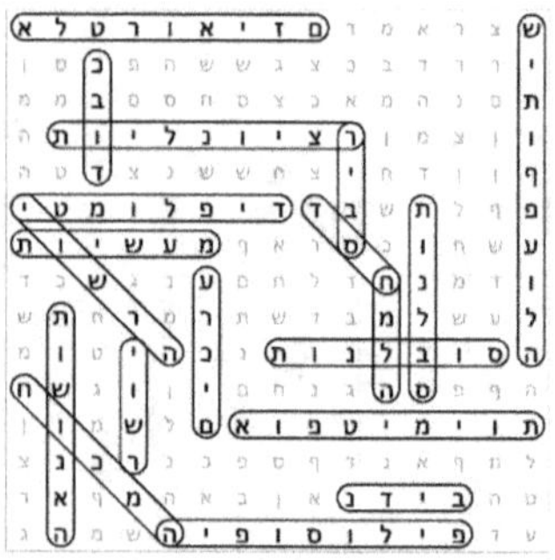

44 - Gebäude

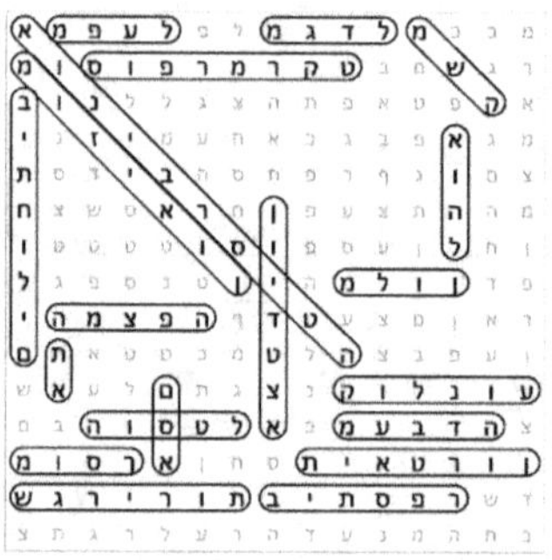

45 - Mode

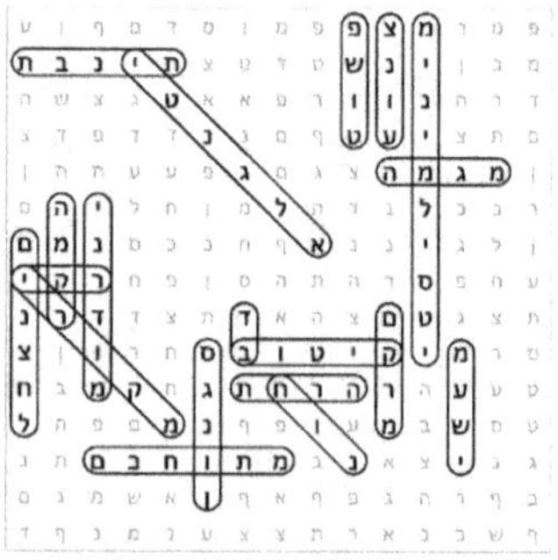

46 - Angeln

47 - Essen #2

48 - Energie

49 - Familie

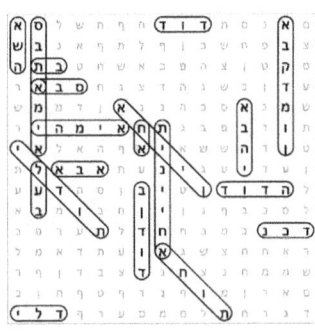

50 - Pflanzen

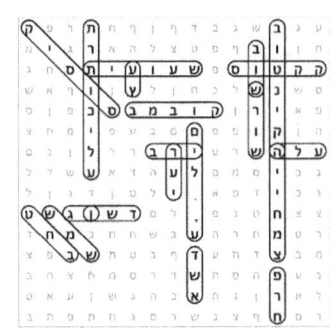

51 - Gewürze

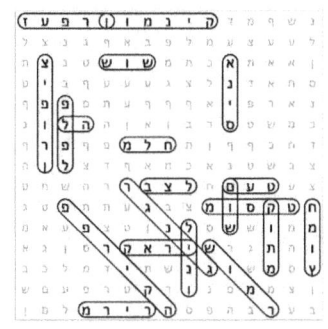

52 - Kreativität

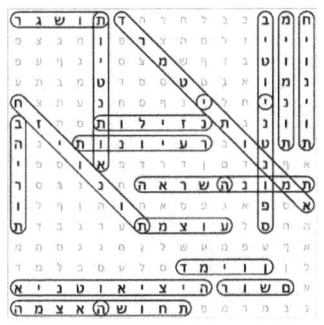

53 - Geschäft

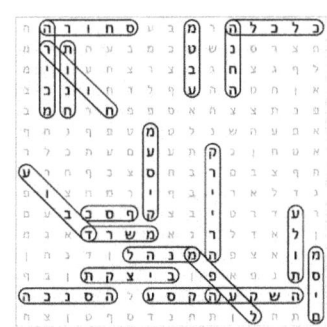

54 - Ingenieurwesen

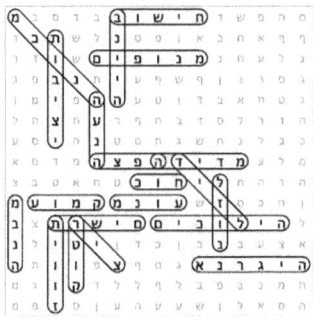

55 - Kaffee

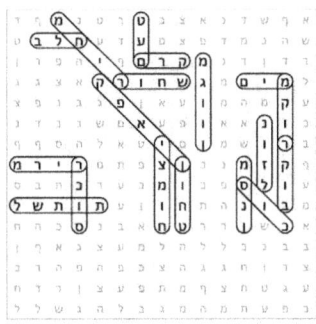

56 - Gemüse

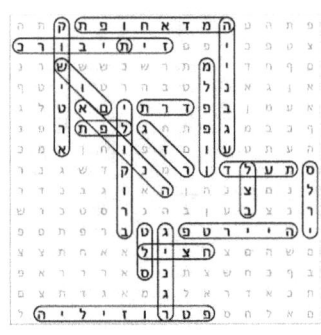

57 - Schönheit

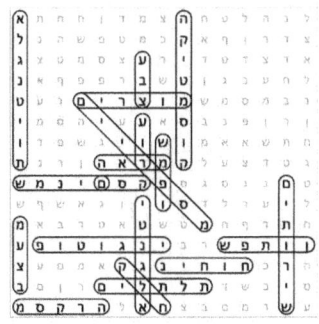

58 - Ernährung

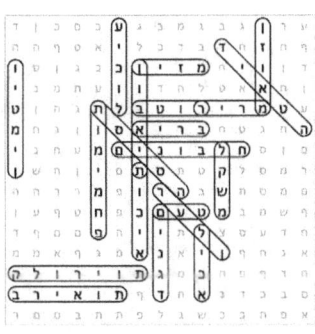

59 - Länder #1

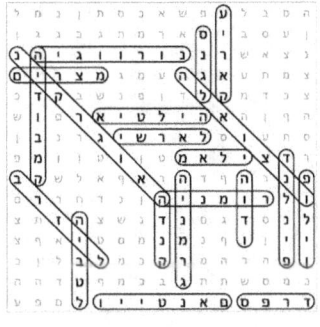

60 - Technologie

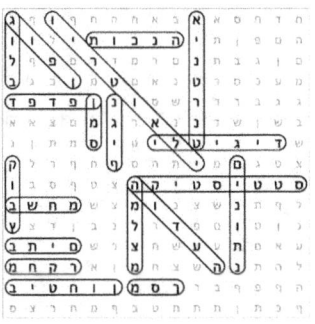

61 - Science Fiction

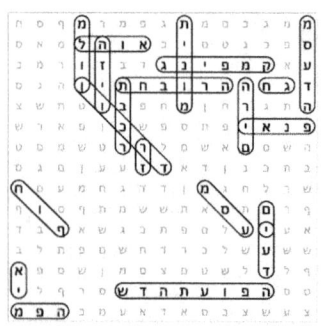

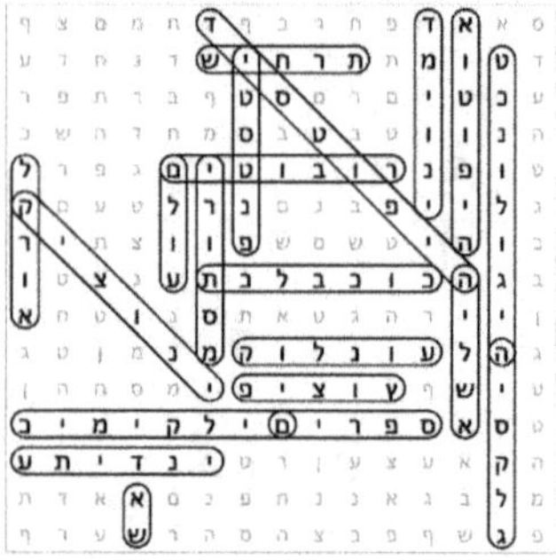

62 - Literatur

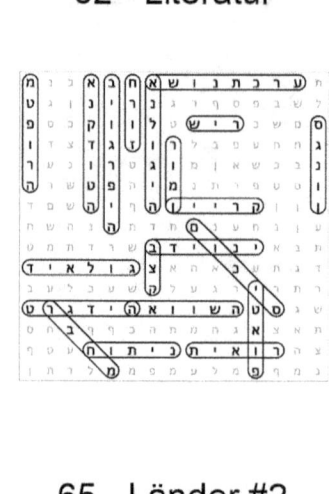

63 - Wandern

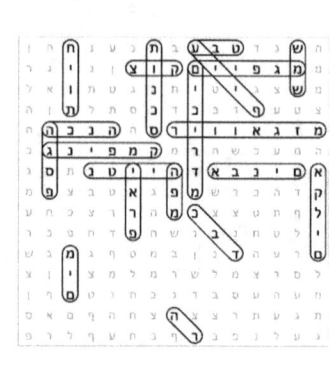

64 - Globale Erwärmung

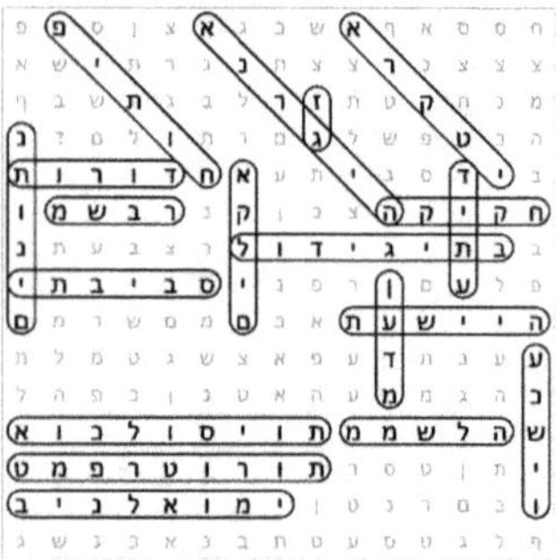

65 - Länder #2

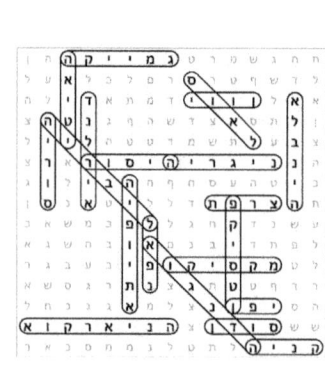

66 - Fahrzeuge

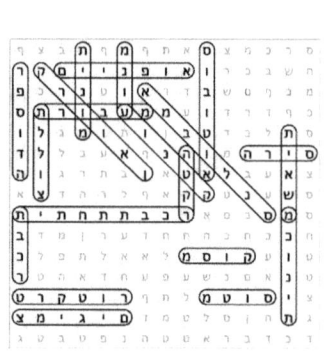

67 - Musikinstrumente

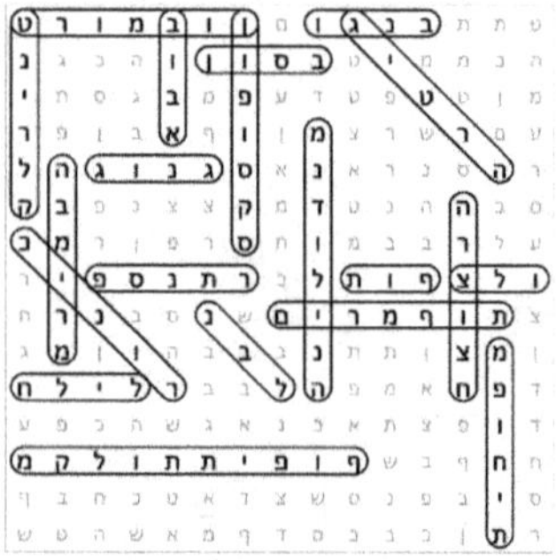

68 - Blumen

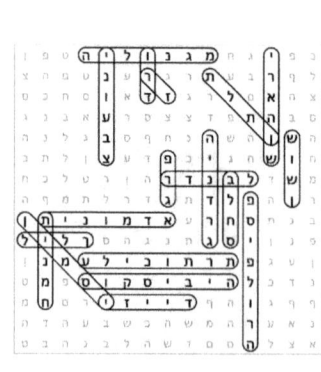

69 - Natur

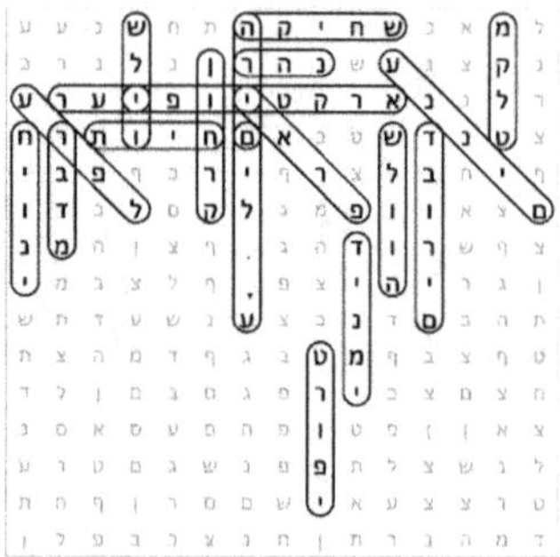

70 - Urlaub #2

71 - Barbecues

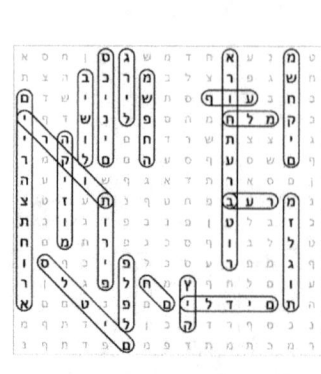

72 - Küche

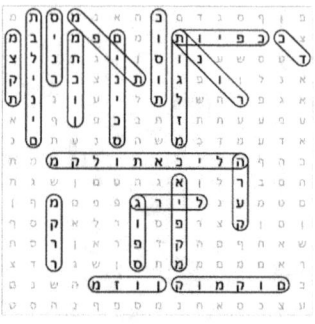

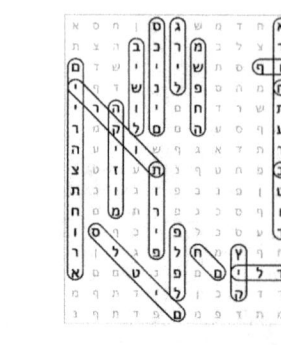

73 - Schach

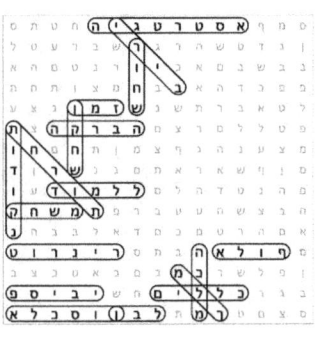

74 - Geographie

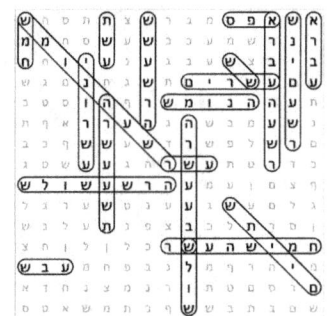

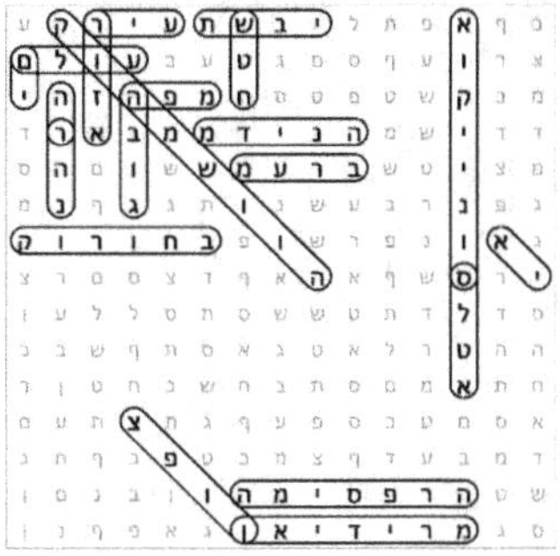

75 - Zahlen

76 - Kunst Liefert

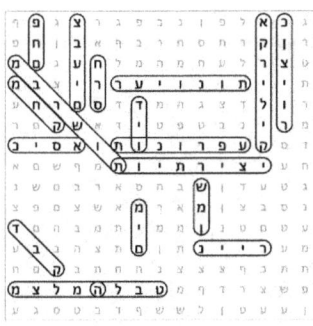

77 - Tage und Monate

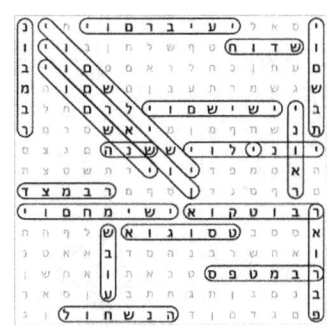

78 - Emotionen

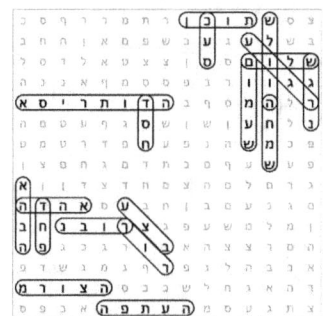

79 - Das Unternehmen

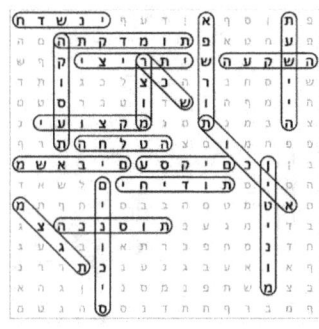

80 - Kräuterkunde

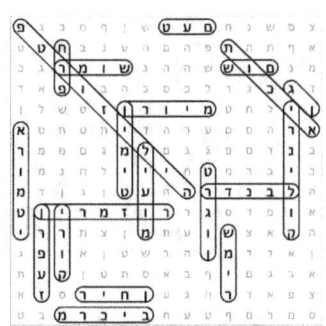

81 - Aktivitäten und Freizeit

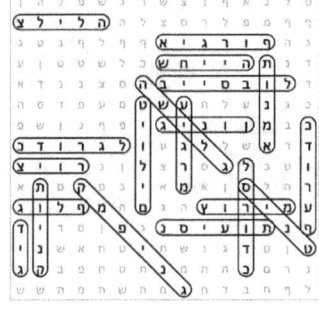

82 - Formen

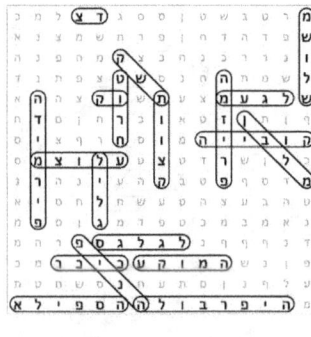

83 - Musik

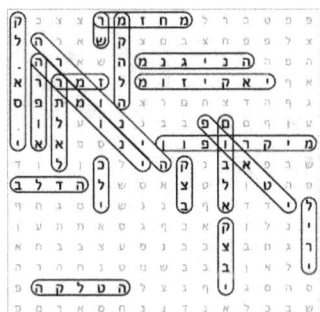

84 - Antiquitäten

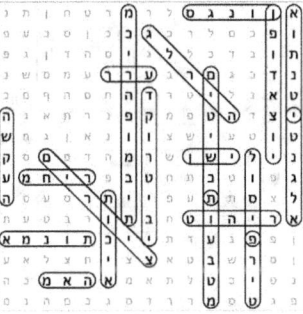

85 - Adjektive #2

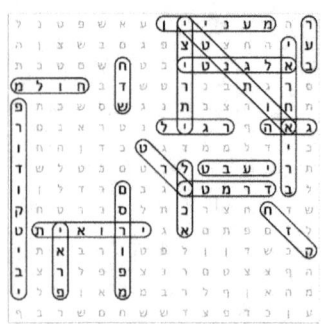

86 - Kleidung

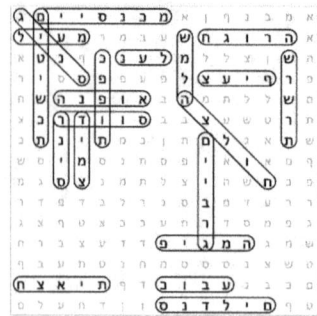

87 - Haus

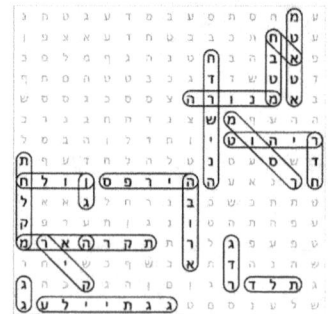

88 - Bauernhof #1

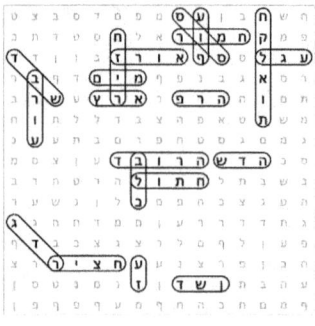

89 - Regierung

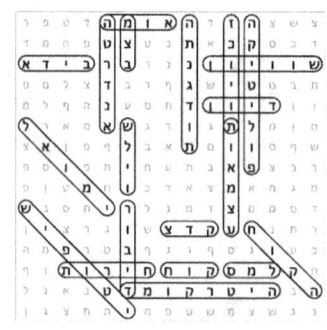

90 - Berufe #1

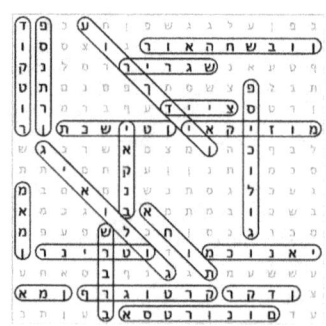

91 - Adjektive #1

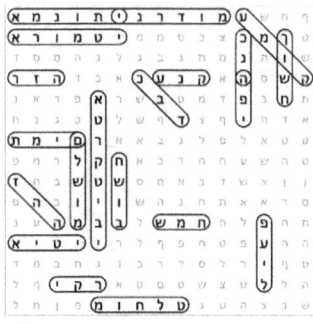

92 - Geometrie

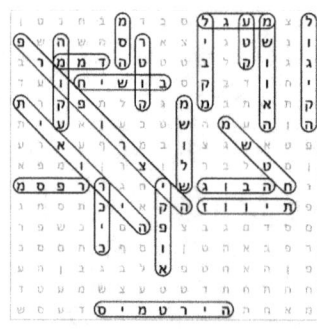

93 - Jazz

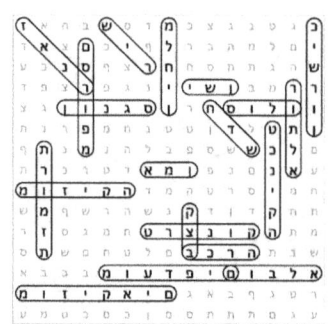

94 - Mathematik

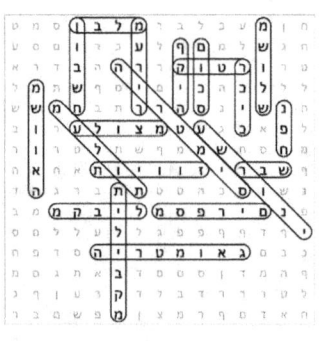

95 - Messungen

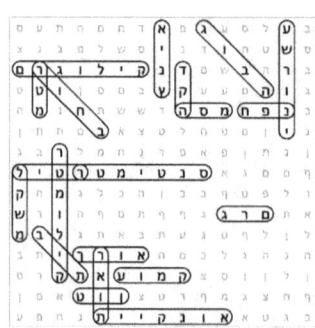

96 - Boxen

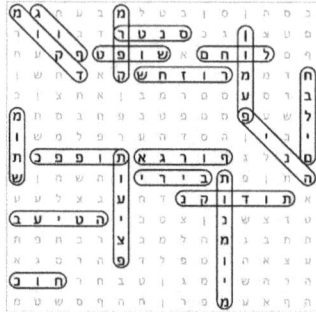

97 - Bauernhof #2

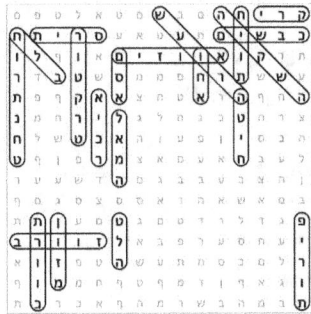

98 - Berufe #2

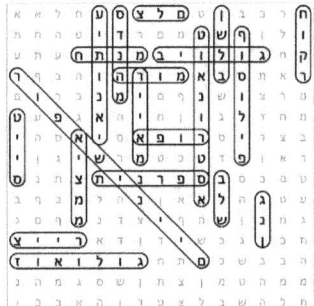

99 - Wetter

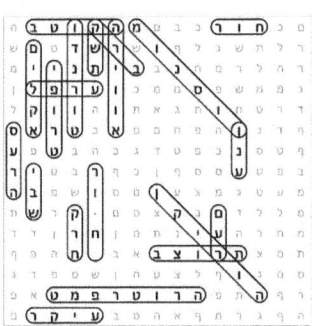

100 - Chemie

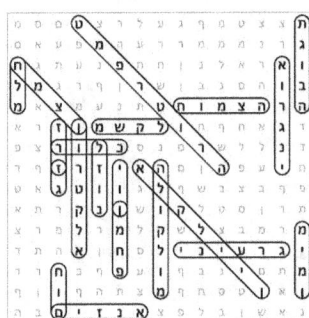

Wörterbuch

Abenteuer
הקתפרה

Aktivität	תוליעפ
Ausflug	לויט
Chance	יוכיס
Freude	החמש
Freunde	םירבח
Gefährlich	ןכוסמ
Gelegenheit	תונמדזה
Natur	עבט
Navigation	טוויג
Neu	שדח
Route	לולסמ
Schönheit	יפוי
Schwierigkeit	ישוק
Sicherheit	תוחיטב
Tapferkeit	ץמוא
Ungewöhnlich	ןפוד אצוי
Überraschend	עיתפמ
Vorbereitung	הנכה
Ziel	דעי

Adjektive #1
שמות ראות #1

Absolut	טלחומ
Aktiv	ליעפ
Aromatisch	יטמורא
Attraktiv	יביטקרטא
Dunkel	ךושח
Dünn	הזר
Ehrlich	ןכ
Glücklich	חמש
Identisch	ההז
Künstlerisch	יתונמא
Langsam	יטיא
Modern	ינרדומ
Perfekt	םלשומ
Riesig	קנע
Schön	הפי
Schwer	דבכ
Tief	קומע
Unschuldig	םימת
Wertvoll	רקי
Wichtig	בושח

Adjektive #2
שמות ראות #2

Authentisch	יטנתוא
Berühmt	םסרופמ
Beschreibend	יראית
Dramatisch	יטמרד
Elegant	יטנגלא
Essbar	ליכא
Frisch	ירט
Gesund	אירב
Hungrig	בער
Interessant	ןיינעמ
Kreativ	יתריצי
Natürlich	יעבט
Neu	שדח
Normal	ליגר
Produktiv	יביטקודורפ
Salzig	חולמ
Stark	קזח
Stolz	האג
Verantwortlich	יארחא
Wild	יארפ

Agronomie
אגרונומיה

Boden	המדא
Dünger	ןשד
Energie	היגרנא
Erosion	הקיחש
Essen	ןוזמ
Gemüse	תוקרי
Krankheit	תולחמ
Landwirtschaft	תואלקח
Ländlich	ירפכ
Nachhaltig	אמייק רב
Organisch	ינגרוא
Ökologie	היגולוקא
Pflanzen	םיחמצ
Produktion	הקפה
Studie	רקחמ
Systeme	תוכרעמ
Umwelt	הביבס
Verschmutzung	םוהיז
Wasser	םימ
Wissenschaft	עדמ

Aktivitäten
פעילויות

Aktivität	תוליעפ
Angeln	גיד
Camping	גניפמק
Entspannung	הפרה
Fähigkeit	תונמוימ
Fotografie	םוליצ
Freizeit	יאנפ
Gartenarbeit	ןוניג
Gemälde	רויצ
Jagd	דיצ
Kunst	תונמא
Kunsthandwerk	די תכאלמ
Lesen	האירק
Magie	םסק
Nähen	הריפת
Spiele	םיקחשמ
Stricken	הגירס
Tanzen	דוקיר
Vergnügen	גונעת
Wandern	סוליט

Aktivitäten und Freizeit
פעילויות ופנאי

Angeln	גיד
Baseball	לובסייב
Basketball	לסרודכ
Boxen	ףורגיא
Camping	גניפמק
Einkaufen	קוניט
Entspannend	עיגרמ
Fussball	לגרודכ
Gartenarbeit	ןוניג
Gemälde	רויצ
Golf	ףלוג
Kunst	תונמא
Reise	תועיסנ
Rennen	ץורימ
Schwimmen	הייחש
Surfen	גלישה
Tauchen	הלילצ
Tennis	סינט
Volleyball	ףערודכ
Wandern	סוליט

Algebra
אלגברה

Bruchteil	שבר
Diagramm	תרשים
Exponent	מעריך
Faktor	גורם
Falsch	שקר
Formel	נוסחה
Gleichung	משוואה
Graph	גרף
Linear	ליניארי
Lösung	פתרון
Matrix	מטריצה
Menge	כמות
Null	אפס
Nummer	מספר
Problem	בעיה
Subtraktion	חיסור
Summe	סכום
Unendlich	אינסופי
Variable	משתנה
Vereinfachen	לפשט

Angeln
דייג

Ausrüstung	ציוד
Boot	סירה
Draht	חוט
Flossen	סנפירים
Fluss	נהר
Geduld	סבלנות
Gewicht	משקל
Haken	וו
Jahreszeit	עונה
Kiefer	לסת
Kiemen	זימים
Korb	סל
Köder	פיתיון
Ozean	אוקיינוס
See	אגם
Strand	חוף
Übertreibung	הגזמה
Waage	מאזניים
Wasser	מים

Antarktis
אנטארקטיקה

Bucht	מפרץ
Eis	קרח
Erhaltung	שימור
Expedition	משלחת
Felsig	רוקי
Forscher	חוקר
Geographie	גאוגרפיה
Gletscher	קרחונים
Halbinsel	חצי האי
Kontinent	יבשת
Migration	הגירה
Mineralien	מינרלים
Temperatur	טמפרטורה
Topographie	טופוגרפיה
Umwelt	סביבה
Vögel	ציפורים
Wasser	מים
Wetter	מזג אוויר
Wind	רוחות
Wissenschaftlich	מדעי

Antiquitäten
עתיקות

Alt	ישן
Artikel	פריט
Authentisch	אותנטי
Dekorativ	דקורטיבי
Elegant	אלגנטי
Galerie	גלריה
Gemälde	ציורים
Investition	השקעה
Jahrhundert	מאה
Kunst	אמנות
Möbel	ריהוט
Münzen	מטבעות
Preis	מחיר
Qualität	איכות
Schmuck	תכשיטים
Skulptur	פיסול
Stil	סגנון
Ungewöhnlich	יוצא דופן
Versteigerung	מכירה פומבית
Wert	ערך

Archäologie
ארכיאולוגיה

Analyse	ניתוח
Antiquität	עתיקות
Auswertung	הערכה
Ära	עידן
Experte	מומחה
Forscher	חוקר
Fossil	מאובן
Geheimnis	תעלומה
Grab	קבר
Knochen	עצמות
Mannschaft	צוות
Nachkomme	צאצא
Objekte	אובייקטים
Professor	פרופסור
Relikt	שריד
Tempel	מקדש
Unbekannt	לא ידוע
Zivilisation	ציביליזציה

Astronomie
אסטרונומיה

Asteroid	אסטרואיד
Astronaut	אסטרונאוט
Astronom	אסטרונום
Erde	כדור הארץ
Himmel	רקיע
Komet	כוכב שביט
Konstellation	קבוצת כוכבים
Kosmos	קוסמוס
Meteor	מטאור
Mond	ירח
Nebel	ערפילית
Observatorium	מצפה
Planet	כוכב לכת
Rakete	רקטה
Satellit	לוויין
Stern	כוכב
Supernova	סופרנובה
Teleskop	טלסקופ
Tierkreis	גלגל המזלות
Universum	יקום

Ballett
טלב

Anmutig	ינניח
Ausdrucksvoll	עיבמ
Choreographie	היפרגואירוכ
Fähigkeit	תונמוימ
Geste	הווחמ
Intensität	תמצוע
Komponist	ןיחלמ
Künstlerisch	יתונמא
Musik	הקיזומ
Muskel	םירירש
Orchester	תרומזת
Praxis	לוגרת
Probe	הרזח
Publikum	להק
Rhythmus	בצק
Solo	ולוס
Stil	ןונגס
Tänzer	םינדקר
Technik	הקינכט

Barbecues
ויקיברב

Abendessen	ברע תחורא
Familie	החפשמ
Frucht	תוריפ
Gabeln	תוגלזמ
Gemüse	תוקרי
Grill	לירג
Heiss	םח
Huhn	ףוע
Hunger	בער
Kinder	םידלי
Kochen	לושיב
Messer	םיניכס
Mittagessen	םיירהצ תחורא
Musik	הקיזומ
Pfeffer	לפלפ
Salate	םיטלס
Salz	חלמ
Sommer	ץיק
Sosse	בטור
Spiele	םיקחשמ

Bauernhof #1
קשמ #1

Biene	הרובד
Dünger	ןשד
Esel	רומח
Feld	הדש
Heu	ריצח
Honig	שבד
Huhn	ףוע
Hund	בלכ
Kalb	לגע
Katze	לותח
Krähe	ברוע
Kuh	הרפ
Land	ץרא
Landwirtschaft	תואלקח
Pferd	סוס
Reis	זרוא
Schwein	ריזח
Wasser	םימ
Zaun	רדג
Ziege	זע

Bauernhof #2
קשמ #2

Bauer	רכיא
Bewässerung	היקשה
Bienenstock	תרווכ
Ente	זוורב
Essen	ןוזמ
Frucht	תוריפ
Gänse	םיזווא
Gemüse	ירק
Gerste	הרועש
Lama	המאל
Lamm	הלט
Mais	סרית
Milch	בלח
Schaf	םישבכ
Scheune	םסא
Tiere	תויח
Traktor	רוטקרט
Weizen	הטיח
Wiese	וחא
Windmühle	חור תנחט

Berufe #1
תועוצקמ #1

Arzt	רוטקוד
Astronom	םונורטסא
Bankier	יאקנב
Botschafter	רירגש
Buchhalter	ןובשח האור
Geologe	גולואיג
Jäger	דייצ
Juwelier	ןטישכת
Kartograph	ףרגוטרק
Klempner	ברברש
Krankenschwester	תוחא
Künstler	ןמא
Mechaniker	יאנוכמ
Musiker	יאקיזומ
Pianist	ןרתנספ
Psychologe	גולוכיספ
Rechtsanwalt	ןיד ךרוע
Tänzer	ןדקר
Tierarzt	רנירטו
Trainer	ןמאמ

Berufe #2
תועוצקמ #2

Arzt	אפור
Astronaut	טואנורטסא
Bibliothekar	תינרפס
Biologe	גולויב
Chirurg	חתנמ
Detektiv	שלב
Erfinder	איצממ
Forscher	רקוח
Fotograf	םלצ
Gärtner	ןנג
Illustrator	רייאמ
Ingenieur	סדנהמ
Journalist	יאנותיע
Lehrer	הרומ
Linguist	ןשלב
Maler	רייצ
Philosoph	ףוסוליפ
Pilot	סייט
Zahnarzt	םייניש אפור
Zoologe	גולואוז

Bienen
דבורים

Bestäuber	מאביק
Bienenkorb	כוורת
Blumen	פרחים
Blüte	פריחה
Essen	מזון
Flügel	כנפיים
Frucht	פירות
Garten	גן
Honig	דבש
Insekt	חרק
Königin	מלכה
Pflanzen	צמחים
Pollen	אבקה
Rauch	עשן
Schwarm	נחיל
Sonne	שמש
Vielfalt	גיוון
Vorteilhaft	מועיל
Wachs	שעווה

Bildende Kunst
אמנות חזותית

Architektur	אדריכלות
Bleistift	עיפרון
Film	סרט
Gemälde	ציור
Holzkohle	פחם
Keramik	קרמיקה
Kreativität	יצירתיות
Kreide	גיר
Künstler	אמן
Lack	לכה
Meisterwerk	יצירת מופת
Perspektive	פרספקטיבה
Porträt	דיוקן
Schablone	סטנסיל
Staffelei	כן ציור
Stift	עט
Ton	חֶ.רֶ.ס
Wachs	שעווה
Zusammensetzung	הרכבה

Biologie
ביולוגיה

Anatomie	אנטומיה
Chromosom	כרומוזום
Embryo	עובר
Enzym	אנזים
Evolution	אבולוציה
Hormon	הורמון
Kollagen	קולגן
Mutation	מוטציה
Natürlich	טבעי
Nerv	עצב
Neuron	נוירון
Osmose	אוסמוזה
Pflanzen	צמחים
Photosynthese	פוטוסינתזה
Protein	חלבון
Reptil	זוחל
Säugetier	יונק
Symbiose	סימביוזה
Synapse	סינפסה
Zelle	תא

Blumen
פרחים

Blütenblatt	עלי כותרת
Gardenie	גרדניה
Gänseblümchen	דייזי
Hibiskus	היביסקוס
Jasmin	יסמין
Klee	תלתן
Lavendel	לבנדר
Lila	לילך
Lilie	שושן
Löwenzahn	שן הארי
Magnolie	מגנוליה
Mohn	פרג
Orchidee	סחלב
Passionsblume	ספסיפלורה
Pfingstrose	אדמונית
Rose	ורד
Sonnenblume	חמנית
Strauss	זר
Tulpe	צבעוני

Boote
סירות

Anker	עוגן
Boje	מצוף
Crew	צוות
Dock	עגן
Fähre	מעבורת
Floss	רפסודה
Fluss	נהר
Kajak	קיאק
Kanu	קאנו
Mast	תורן
Meer	ים
Motor	מנוע
Nautisch	ימי
Ozean	אוקיינוס
See	אגם
Seemann	מלח
Segelboot	מפרשית
Seil	חבל
Wellen	גלים
Yacht	יאכטה

Boxen
אגרוף

Ecke	פינה
Ellbogen	מרפק
Erschöpft	מותש
Faust	אגרוף
Fähigkeit	מיומנות
Fokus	מוקד
Gegner	יריב
Glocke	פעמון
Handschuhe	כפפות
Kämpfer	לוחם
Kick	בעיטה
Kinn	סנטר
Körper	גוף
Punkte	נקודות
Recovery	שחזור
Schiedsrichter	שופט
Seile	חבלים
Stärke	כוח
Verletzungen	פציעות

Bücher
םירפס

Abenteuer	הקתפרה
Autor	רבחמ
Dualität	תוילאוד
Episch	יפא
Erfinderisch	האצמה
Erzähler	ןיירק
Gedicht	ריש
Geschichte	רופיס
Geschrieben	בתכנ
Historisch	ירוטסיה
Humorvoll	יטסירומוה
Kollektion	ףסוא
Kontext	רשקה
Leser	ארוק
Literarisch	תיתורפס
Poesie	הריש
Roman	ןמור
Seite	ףד
Serie	הרדס
Tragisch	יגרט

Camping
תואנחמ

Abenteuer	הקתפרה
Berg	רה
Feuer	שא
Hängematte	לסרע
Hut	עבוכ
Insekt	קרח
Jagd	דיצ
Kabine	את
Kanu	ונאק
Karte	הפמ
Kompass	ןפצמ
Laterne	סנפ
Mond	חרי
Natur	עבט
See	םגא
Seil	לבח
Spass	ףיכ
Tiere	תויח
Wald	רעי
Zelt	להוא

Chemie
הימיכ

Alkalisch	ןיילקלא
Chlor	רולכ
Elektron	ןורטקלא
Enzym	םיזנא
Flüssigkeit	לזונ
Gas	זג
Gewicht	לקשמ
Hitze	םוח
Ion	ןוי
Katalysator	זרז
Kohlenstoff	ןמחפ
Molekül	הלוקלומ
Nuklear	יניערג
Organisch	ינגרוא
Reaktion	הבוגת
Salz	חלמ
Sauerstoff	ןצמח
Säure	הצמוח
Temperatur	הרוטרפמט
Wasserstoff	ןמימ

Das Unternehmen
הרבחה

Beschäftigung	הקוסעת
Einheiten	תודיחי
Einnahmen	תוסנכה
Entscheidung	הטלחה
Fortschritt	תומדקתה
Geschäft	םיקסע
Industrie	היישעת
Innovativ	ינשדח
Investition	העקשה
Kreativ	יתריצי
Löhne	רכש
Möglichkeit	תורשפא
Präsentation	תגצמ
Produkt	רצומ
Professionell	יעוצקמ
Qualität	תוכיא
Ressourcen	םיבאשמ
Risiken	םינוכיס
Ruf	ןיטינומ

Diplomatie
היטמולפיד

Ausländisch	רז
Berater	ץעוי
Botschaft	תורירגש
Botschafter	רירגש
Bürger	םיחרזא
Diplomatisch	יטמולפיד
Diskussion	ןויד
Ethik	הקיתא
Gemeinschaft	הליהק
Gerechtigkeit	קדצ
Humanitär	ירטינמוה
Integrität	הרשוי
Konflikt	תושגנתה
Lösung	ןורתפ
Politik	הקיטילופ
Regierung	הלשממ
Sicherheit	ןוחטיב
Sprachen	תופש
Vertrag	הנמא
Zusammenarbeit	הלועפ ףותיש

Elektrizität
למשח

Ausrüstung	דויצ
Batterie	הללוס
Drähte	םיטוח
Elektriker	יאלמשח
Elektrisch	ילמשח
Fernsehen	היזיוולט
Generator	ללוחמ
Kabel	לבכ
Lagerung	ןוסחא
Lampe	הרונמ
Laser	רזייל
Magnet	טנגמ
Menge	תומכ
Negativ	ילילש
Netzwerk	תשר
Objekte	םיטקייבוא
Positiv	יבויח
Steckdose	עקש
Telefon	ןופלט

Emotionen
תושגר

Angst	דחפ
Aufgeregt	שגרנ
Beschämt	רובנ
Dankbar	הדות ריסא
Entspannt	עוגר
Freude	החמש
Freundlichkeit	דסח
Frieden	םולש
Inhalt	ןכות
Langeweile	םומעש
Liebe	הבהא
Ruhe	הוולש
Sympathie	הדהא
Traurigkeit	בצע
Überraschen	העתפה
Wut	סעכ
Zärtlichkeit	ךור
Zufrieden	הצורמ

Energie
היגרנא

German	Hebrew
Batterie	הללוס
Benzin	ןיזנב
Brennstoff	קלד
Diesel	לזיד
Elektrisch	ילמשח
Elektron	ןורטקלא
Entropie	היפורטנא
Erneuerbar	שדחתמ
Hitze	םוח
Industrie	היישעת
Kohlenstoff	ןמחפ
Motor	עונמ
Nuklear	יניערג
Photon	ןוטופ
Sonne	שמש
Turbine	הניברוט
Umwelt	הביבס
Verschmutzung	םוהיז
Wasserstoff	ןמימ
Wind	חור

Ernährung
הנוזת

German	Hebrew
Appetit	ןובאית
Ausgewogen	ןזואמ
Bitter	רירמ
Diät	הטאיד
Essbar	ליכא
Fermentation	הסיסת
Geschmack	םעט
Gesund	אירב
Gesundheit	תואירב
Getreide	םינגד
Gewicht	לקשמ
Kalorien	תוירולק
Kohlenhydrate	תומימחפ
Nährstoff	ןיזמ
Proteine	םינובלח
Qualität	תוכיא
Sosse	בטור
Toxin	ןלער
Verdauung	לוכיע
Vitamin	ןימטיו

Essen #1
ןוזמ #1

German	Hebrew
Basilikum	ןחיר
Birne	סגא
Erdbeere	הדש תות
Erdnuss	ןטוב
Fleisch	רשב
Kaffee	הפק
Karotte	רזג
Knoblauch	םוש
Milch	בלח
Rübe	תפל
Saft	ץימ
Salat	טלס
Salz	חלמ
Spinat	תרד
Suppe	קרמ
Thunfisch	הנוט
Zimt	ןומניק
Zitrone	ןומיל
Zucker	רכוס
Zwiebel	לצב

Essen #2
ןוזמ #2

German	Hebrew
Apfel	חופת
Artischocke	קושיטרא
Aubergine	ליצח
Banane	הננב
Brokkoli	ילוקורב
Brot	םחל
Ei	הציב
Fisch	גד
Joghurt	טרוגוי
Käse	הניבג
Kirsche	ןבדבוד
Mandel	דקש
Pilz	הייrטפ
Reis	זרוא
Schinken	םח
Schokolade	דלוקוש
Sellerie	ירלס
Spargel	סוגרפסא
Tomate	הינבגע
Weizen	הטיח

Ethik
הקיתא

German	Hebrew
Altruismus	םזיאורטלא
Diplomatisch	יטמולפיד
Ehrlichkeit	רשוי
Freundlichkeit	דסח
Geduld	תונלבס
Integrität	הרשוי
Menschheit	תושונאה
Mitgefühl	הלמח
Optimismus	תוימיטפוא
Philosophie	היפוסוליפ
Rationalität	תוילנויצר
Realismus	תוישעמ
Toleranz	תונלבוס
Vernünftig	ריבס
Weisheit	המכוח
Werte	םיכרע
Wohlwollend	בידנ
Würde	דובכ
Zusammenarbeit	הלועפ ףותיש

Fahren
נהיגה

Auto	מכונית
Bremsen	בלמים
Brennstoff	דלק
Bus	אוטובוס
Garage	מוסך
Gas	גז
Gefahr	סכנה
Geschwindigkeit	מהירות
Karte	מפה
Lizenz	רישיון
Lkw	משאית
Motor	מנוע
Motorrad	אופנוע
Polizei	משטרה
Sicherheit	בטיחות
Transport	תחבורה
Tunnel	מנהרה
Unfall	תאונה
Verkehr	תנועה
Vorsicht	זהירות

Fahrzeuge
כלי רכב

Auto	מכונית
Boot	סירה
Bus	אוטובוס
Fahrrad	אופניים
Fähre	מעבורת
Floss	רפסודה
Flugzeug	מטוס
Hubschrauber	מסוק
Krankenwagen	אמבולנס
Lkw	משאית
Motor	מנוע
Rakete	רקטה
Reifen	צמיגים
Roller	קטנוע
Taxi	מונית
Traktor	טרקטור
U-Bahn	רכבת תחתית
U-Boot	צוללת
Wohnwagen	קרוואן
Zug	רכבת

Familie
חדר משפחתי

Bruder	אח
Ehefrau	אשה
Ehemann	בעל
Enkel	נכד
Grossmutter	סבתא
Grossvater	סבא
Kind	ילד
Kindheit	ילדות
Mutter	אימא
Mütterlich	אימהי
Neffe	אחיין
Nichte	אחיינית
Onkel	דוד
Schwester	אחות
Tante	דודה
Tochter	בת
Vater	אבא
Väterlich	אבהי
Vetter	בן דוד
Vorfahr	אב קדמון

Flugzeuge
מטוסים

Abenteuer	הרפתקה
Abstieg	ירידה
Atmosphäre	אווירה
Ballon	בלון
Brennstoff	דלק
Crew	צוות
Design	עיצוב
Geschichte	היסטוריה
Himmel	רקיע
Höhe	גובה
Konstruktion	בנייה
Luft	אוויר
Motor	מנוע
Navigieren	ניווט
Passagier	נוסע
Pilot	טייס
Propeller	מדחפים
Turbulenz	סערה
Wasserstoff	מימן
Wetter	מזג אוויר

Formen
צורות

Bogen	קשת
Dreieck	משולש
Ecke	פינה
Ellipse	אליפסה
Hyperbel	היפרבולה
Kanten	קצוות
Kegel	חרוט
Kreis	מעגל
Kurve	עקומה
Linie	קו
Oval	סגלגל
Polygon	מצולע
Prisma	פריזמה
Pyramide	פירמידה
Quadrat	כיכר
Rechteck	מלבן
Seite	צד
Würfel	קובייה
Zylinder	גליל

Gebäude
בניינים

Bauernhof	משק
Botschaft	שגרירות
Fabrik	מפעל
Garage	מוסך
Herberge	הוסטל
Hotel	מלון
Kabine	תא
Kino	קולנוע
Krankenhaus	בית חולים
Labor	מעבדה
Museum	מוזיאון
Observatorium	המצפה
Scheune	אסם
Schule	בית ספר
Stadion	אצטדיון
Supermarkt	סופרמרקט
Theater	תיאטרון
Turm	מגדל
Universität	אוניברסיטה
Zelt	אוהל

Gemüse
תוקרי

Artischocke	ארטישוק
Aubergine	חציל
Blumenkohl	כרובית
Brokkoli	ברוקולי
Erbse	אפונה
Gurke	מלפפון
Ingwer	ג'ינג'ר
Karotte	גזר
Kartoffel	תפוח אדמה
Knoblauch	שום
Kürbis	דלעת
Olive	זית
Petersilie	פטרוזיליה
Pilz	פטרייה
Rübe	לפת
Salat	סלט
Sellerie	סלרי
Spinat	תרד
Tomate	עגבנייה
Zwiebel	בצל

Geographie
גאוגרפיה

Atlas	אטלס
Äquator	קו המשווה
Berg	הר
Breite	קו רוחב
Fluss	נהר
Gebiet	שטח
Hemisphäre	המיספרה
Höhe	גובה
Insel	אי
Karte	מפה
Kontinent	יבשת
Land	מדינה
Meer	ים
Meridian	מרידיאן
Norden	צפון
Ozean	אוקיינוס
Region	אזור
Stadt	עיר
Welt	עולם
West	מערב

Geologie
גיאולוגיה

Erdbeben	רעידת אדמה
Erosion	שחיקה
Fossil	מאובן
Geschmolzen	מותכת
Geysir	גייזר
Höhle	מערה
Kalzium	סידן
Kontinent	יבשת
Koralle	אלמוג
Lava	לבה
Mineralien	מינרלים
Plateau	רמה
Quarz	קוורץ
Salz	מלח
Säure	חומצה
Stalaktit	נטיף
Stein	אבן
Vulkan	הר געש
Zone	אזור
Zyklen	מחזורים

Geometrie
גאומטריה

Anteil	פרופורציה
Berechnung	חישוב
Dimension	ממד
Dreieck	משולש
Durchmesser	קוטר
Gleichung	משוואה
Horizontal	אופקי
Höhe	גובה
Kreis	מעגל
Kurve	עקומה
Logik	לוגיקה
Masse	מסה
Nummer	מספר
Oberfläche	משטח
Parallel	מקביל
Quadrat	כיכר
Segment	קטע
Symmetrie	סימטריה
Theorie	תיאוריה
Winkel	זווית

Geschäft
עסקים

Arbeitgeber	מעסיק
Budget	תקציב
Büro	משרד
Einkommen	הכנסה
Fabrik	מפעל
Geld	כסף
Geschäft	חנות
Gewinn	רווח
Investition	השקעה
Karriere	קריירה
Kosten	עלות
Manager	מנהל
Mitarbeiter	עובד
Rabatt	הנחה
Steuern	מיסים
Transaktion	עסקה
Verkauf	מכירה
Ware	סחורה
Währung	מטבע
Wirtschaft	כלכלה

Gesundheit und Wellness #1
בריאות ורווחה #1

Aktiv	פעיל
Apotheke	בית מרקחת
Arzt	דוקטור
Bakterien	חיידקים
Entspannung	הרפיה
Fraktur	שבר
Gewohnheit	הרגל
Haut	עור
Hormone	הורמונים
Höhe	גובה
Hunger	רעב
Klinik	מרפאה
Knochen	עצמות
Medizin	רפואה
Medizinisch	רפואי
Nerven	עצבים
Reflex	רפלקס
Therapie	טיפול
Verletzung	פציעה
Virus	נגיף

Gesundheit und Wellness #2

בר>>>> #2 בריאות ובריאות

Allergie	אלרגיה
Anatomie	אנטומיה
Appetit	תיאבון
Blut	דם
Diät	דיאטה
Energie	אנרגיה
Genetik	גנטיקה
Gesund	בריא
Gewicht	משקל
Hygiene	היגיינה
Infektion	זיהום
Kalorie	קלוריה
Krankenhaus	בית חולים
Krankheit	חולי
Massage	עיסוי
Risiken	סיכונים
Schlafen	שינה
Sport	ספורט
Stress	לחץ
Vitamin	ויטמין

Gewürze

תבלינים

Anis	אניס
Bitter	מריר
Curry	קארי
Fenchel	שומר
Geschmack	טעם
Ingwer	ג'ינג'ר
Kardamom	הל
Knoblauch	שום
Lakritze	שוש
Muskatnuss	מוסקט
Nelke	ציפורן
Paprika	פפריקה
Pfeffer	פלפל
Safran	זעפרן
Salz	מלח
Sauer	חמוץ
Süss	מתוק
Vanille	וניל
Zimt	קינמון
Zwiebel	בצל

Globale Erwärmung

התחממות כדור הארץ

Arktis	ארקטי
Bevölkerung	אוכלוסיית
Daten	נתונים
Energie	אנרגיה
Entwicklung	פיתוח
Gas	גז
Generationen	דורות
Gesetzgebung	חקיקה
Industrie	תעשייה
International	בינלאומי
Jetzt	עכשיו
Klima	אקלים
Krise	משבר
Lebensraum	בית גידול
Regierung	ממשלה
Temperaturen	טמפרטורות
Umwelt	סביבתי
Wissenschaftler	מדען
Zukunft	עתיד

Haartypen

סוגי שיער

Blond	בלונדיני
Braun	חום
Dick	עבה
Dünn	רזה
Farbig	צבעוני
Geflochten	קלוע
Gesund	בריא
Grau	אפור
Kahl	קריח
Kurz	קצר
Lang	ארוך
Locken	תלתלים
Lockig	מתולתל
Schwarz	שחור
Silber	כסף
Trocken	יבש
Weich	רך
Weiss	לבן
Wellig	גלי
Zöpfe	צמות

Haus

בית

Besen	מטאטא
Bibliothek	ספריה
Dach	גג
Dachboden	עליית גג
Decke	תקרה
Dusche	מקלחת
Fenster	חלון
Garage	מוסך
Garten	גן
Kamin	אח
Küche	מטבח
Lampe	מנורה
Möbel	רהיט
Schlafzimmer	חדר שינה
Schornstein	ארובה
Spiegel	מראה
Tür	דלת
Wand	קיר
Zaun	גדר
Zimmer	חדר

Ingenieurwesen

הנדסה

Achse	ציר
Antrieb	הנעה
Berechnung	חישוב
Diagramm	תרשים
Diesel	דיזל
Durchmesser	קוטר
Energie	אנרגיה
Flüssigkeit	נוזל
Getriebe	הילוכים
Hebel	מנופים
Konstruktion	בניה
Maschine	מכונה
Messung	מדידה
Motor	מנוע
Stabilität	יציבות
Stärke	כוח
Struktur	מבנה
Tiefe	עומק
Verteilung	הפצה
Winkel	זווית

Jazz
זא'ג

Album	סובלא
Alt	ןשי
Berühmt	םסרופמ
Favoriten	םיפדעומ
Genre	רנא'ז
Improvisation	רותלא
Komponist	ןיחלמ
Konzert	טרצנוק
Künstler	ןמא
Lied	ריש
Musik	הקיזומ
Musiker	םיאקיזומ
Neu	שדח
Orchester	תרומזת
Rhythmus	בצק
Solo	ולוס
Stil	ןונגס
Talent	ןורשיכ
Technik	הקינכט
Zusammensetzung	בכרה

Kaffee
הפק

Deutsch	עברית
Bitter	רירמ
Creme	סרק
Filter	ןנסמ
Flüssigkeit	לזונ
Geschmack	םעט
Koffein	ןיאפק
Mahlen	ןוחט
Milch	בלח
Morgen	רקוב
Preis	ריחמ
Sauer	ץמוח
Schwarz	רוחש
Tasse	סוכ
Trinken	תותשל
Ursprung	רוקמ
Vielfalt	ןווגמ
Wasser	םימ
Zucker	רכוס

Kleidung
םידגב

Deutsch	עברית
Armband	דימצ
Gürtel	הרוגח
Halskette	תרשרש
Handschuhe	תופפכ
Hemd	הצלוח
Hose	םייסנכמ
Hut	עבוכ
Jeans	סני'ג
Kleid	הלמש
Mantel	ליעמ
Mode	הנפוא
Pullover	רדווס
Rock	תיאצח
Sandalen	םילדנס
Schal	ףיעצ
Schlafanzug	המ'גיפ
Schmuck	םיטישכת
Schuh	לענ
Schürze	רניס
Socken	םייברג

Krankheit
תולחמ

Deutsch	עברית
Abdominal	ןטב
Allergien	תויגרלא
Ansteckend	קבדמ
Atemwege	המישנ
Bakteriell	יקדייח
Chronisch	ינורכ
Entzündung	תקלד
Erblich	יתשרות
Genetisch	יטנג
Gesundheit	תואירב
Herz	בל
Immunität	תוניסח
Knochen	תומצע
Körper	ףוג
Neuropathie	היתפוריונ
Pulmonal	יתאיר
Schwach	שלח
Sinus	סוניס
Syndrom	תנומסת
Therapie	לופיט

Kräuterkunde
אפרמ יחמצ

Deutsch	עברית
Aromatisch	יטמורא
Basilikum	ןחיר
Blume	חרפ
Dill	רימש
Estragon	ןוגרט
Fenchel	רמש
Garten	ןג
Geschmack	םעט
Grün	קורי
Knoblauch	םוש
Kulinarisch	ירנילוק
Lavendel	רדנבל
Majoran	ןרוימ
Petersilie	הילזורטפ
Qualität	תוכיא
Rosmarin	ןירמזור
Safran	ןרפעז
Thymian	ןימיט
Vorteilhaft	ליעומ
Zutat	ביכרמ

Kreativität
תויתריצי

Deutsch	עברית
Ausdruck	יוטיב
Authentizität	תויטנתוא
Bild	הנומת
Dramatisch	יטמרד
Eindruck	םשור
Erfinderisch	האצמה
Fähigkeit	תונמוימ
Flüssigkeit	תוליזנ
Gefühle	תושגר
Ideen	תונויער
Inspiration	השראה
Intensität	המצוע
Intuition	היציאוטניא
Klarheit	תוריהב
Künstlerisch	יתונמא
Phantasie	ןוימד
Sensation	תשוחת
Spontan	יטנופס
Visionen	תונויזח
Vitalität	תוינויח

Kunst Liefert
ציוד אמנות

Acryl	אקריליק
Bleistifte	עפרונות
Bürsten	מברשות
Farben	צבעים
Holzkohle	פחם
Ideen	רעיונות
Kamera	מצלמה
Kreativität	יצירתיות
Leim	דבק
Öl	שמן
Papier	נייר
Radiergummi	מחק
Staffelei	כן ציור
Stuhl	כיסא
Tabelle	טבלה
Tinte	דיו
Ton	חרס
Wasser	מים

Küche
מטבח

Essen	מזון
Essstäbchen	מקלות אכילה
Gabeln	מזלגות
Gefrierschrank	מקפיא
Gewürze	תבלינים
Grill	גריל
Kelle	מצקת
Krug	כד
Kühlschrank	מקרר
Löffel	כפיות
Messer	סכינים
Ofen	תנור
Rezept	מתכון
Schürze	סינר
Schüssel	קערה
Schwamm	ספוג
Serviette	מפית
Tassen	כוסות
Wasserkocher	קומקום

Landschaften
נופים

Berg	הר
Eisberg	קרחון
Fluss	נהר
Geysir	גייזר
Golf	מפרץ
Halbinsel	חצי אי
Höhle	מערה
Hügel	גבעה
Insel	אי
Lagune	לגונה
Meer	ים
Oase	אואזיס
See	אגם
Strand	חוף
Sumpf	ביצה
Tal	עמק
Tundra	טונדרה
Vulkan	הר געש
Wasserfall	מפל
Wüste	מדבר

Länder #1
מדינות #1

Ägypten	מצרים
Brasilien	ברזיל
Deutschland	גרמניה
Finnland	פינלנד
Indien	הודו
Irak	עיראק
Israel	ישראל
Italien	איטליה
Kambodscha	קמבודיה
Kanada	קנדה
Lettland	לטביה
Mali	מאלי
Nicaragua	ניקרגואה
Norwegen	נורווגיה
Polen	פולין
Rumänien	רומניה
Senegal	סנגל
Spanien	ספרד
Venezuela	ונצואלה
Vietnam	וייטנאם

Länder #2
מדינות #2

Albanien	אלבניה
Äthiopien	אתיופיה
Frankreich	צרפת
Griechenland	יוון
Haiti	האיטי
Irland	אירלנד
Jamaika	ג'מייקה
Japan	יפן
Kenia	קניה
Laos	לאוס
Liberia	ליבריה
Mexiko	מקסיקו
Nepal	נפאל
Nigeria	ניגריה
Pakistan	פקיסטן
Russland	רוסיה
Sudan	סודן
Syrien	סוריה
Uganda	אוגנדה
Ukraine	אוקראינה

Literatur
ספרות

Analogie	אנלוגיה
Analyse	ניתוח
Anekdote	אנקדוטה
Autor	מחבר
Beschreibung	תיאור
Biographie	ביוגרפיה
Dialog	דיאלוג
Erzähler	קריין
Fiktion	בדיוני
Gedicht	שיר
Metapher	מטפורה
Poetisch	פואטי
Reim	חרוז
Rhythmus	קצב
Roman	רומן
Schlussfolgerung	סיכום
Stil	סגנון
Thema	ערכת נושא
Tragödie	טרגדיה
Vergleich	השוואה

Mathematik
הקיטמתמ

Arithmetik	ןובשח
Bruchteil	רבש
Dezimal	ינורשע
Dreieck	שלושמ
Durchmesser	רטוק
Exponent	ךירעמ
Geometrie	הירטמואג
Gleichung	האושמ
Grad	תולעמ
Parallel	ליבקמ
Parallelogramm	תיליבקמ
Polygon	עלוצמ
Quadrat	רכיכ
Rechteck	ןבלמ
Summe	םוכס
Symmetrie	הירטמיס
Umfang	ףקיה
Volumen	חפנ
Winkel	תיווז
Zahlen	םירפסמ

Meditation
היצטידמ

Annahme	הלבק
Bewegung	העונת
Dankbarkeit	הדות תרכה
Einblick	הנבות
Freundlichkeit	דסח
Frieden	םולש
Gedanken	תובשחמ
Geistig	שפנ
Glück	רשוא
Haltung	הביצי
Klarheit	תוריהב
Lernen	דומלל
Mitgefühl	הלמח
Musik	הקיזומ
Natur	עבט
Perspektive	הביטקפסרפ
Ruhig	עוגר
Stille	הקיתש
Verstand	חומ
Wach	רע

Menschlicher Körper
םדאה ףוג

Bein	לגר
Blut	םד
Ellbogen	קפרמ
Finger	עבצא
Gehirn	חומ
Gesicht	םינפ
Hals	ראוצ
Hand	די
Haut	רוע
Herz	בל
Kiefer	תסל
Kinn	רטנס
Knie	ךרב
Knöchel	לוסרק
Kopf	שאר
Mund	הפ
Nase	ףא
Ohr	ןזוא
Schulter	ףתכ
Zunge	ןושל

Messungen
תודידמ

Breite	בחור
Byte	תיב
Dezimal	ינורשע
Gewicht	לקשמ
Grad	ראות
Gramm	םרג
Höhe	הבוג
Kilogramm	םרגוליק
Kilometer	רטמוליק
Länge	ךרוא
Liter	רטיל
Masse	הסמ
Meter	רטמ
Minute	הקד
Tiefe	קמוע
Tonne	ןוט
Unze	תייקנוא
Volumen	חפנ
Zentimeter	רטמיטנס
Zoll	ץניא

Mode
הנפוא

Anspruchsvoll	םכחותמ
Bescheiden	עונצ
Boutique	קיטוב
Einfach	טושפ
Elegant	יטנגלא
Komfortabel	חונ
Minimalistisch	יטסילמינימ
Modern	ינרדומ
Muster	תינבת
Original	ירוקמ
Praktisch	ישעמ
Spitze	הרחת
Stickerei	המקר
Stil	ןונגס
Stoff	דב
Tasten	םינצחל
Teuer	רקי
Textur	םקרמ
Trend	המגמ

Musik
הקיסומ

Album	םובלא
Aufnahme	הטלקה
Ballade	הדלב
Chor	הלהקמ
Harmonie	הינומרה
Harmonisch	ינומרה
Improvisieren	רתלאל
Instrument	ילכ
Klassisch	יִסאַלק
Lyrisch	יריל
Melodie	הניגנמ
Mikrofon	ןופורקימ
Musical	רמזחמ
Musiker	יאקיזומ
Oper	הרפוא
Poetisch	יטאופ
Rhythmisch	יבצק
Rhythmus	בצק
Sänger	רמז
Singen	רש

Musikinstrumente
כלי נגינה

Banjo	בנג'ו
Cello	צ'לו
Drumsticks	מקלות תיפוף
Fagott	בסון
Flöte	חליל
Geige	כינור
Gitarre	גיטרה
Gong	גונג
Harfe	נבל
Klarinette	קלרינט
Klavier	פסנתר
Mandoline	מנדולינה
Marimba	מרימבה
Mundharmonika	מפוחית
Oboe	אבוב
Posaune	טרומבון
Saxophon	סקסופון
Tamburin	תוף מרים
Trommel	תוף
Trompete	חצוצרה

Mythologie
מיתולוגיה

Archetyp	אבטיפוס
Blitz	ברק
Donner	רעם
Eifersucht	קנאה
Held	גיבור
Katastrophe	אסון
Kreation	יצירה
Kreatur	יצור
Krieger	לוחם
Kultur	תרבות
Labyrinth	מבוך
Legende	אגדה
Magisch	קסום
Monster	מפלצת
Rache	נקמה
Stärke	כוח
Sterblich	בן תמותה
Triumphierend	מנצח
Unsterblichkeit	נצ.ח.
Verhalten	התנהגות

Natur
טבע

Arktis	ארקטי
Berge	הרים
Bienen	דבורים
Dynamisch	דינמי
Erosion	שחיקה
Fluss	נהר
Friedlich	שליו
Gletscher	קרחון
Heiter	שלווה
Laub	ע.ל.ה
Lebenswichtig	חיוני
Nebel	ערפל
Schönheit	יופי
Schutz	מקלט
Tiere	חית
Tropisch	טרופי
Wald	יער
Wild	פראי
Wolken	עננים
Wüste	מדבר

Obst
פירות

Ananas	אננס
Apfel	תפוח
Aprikose	משמש
Avocado	אבוקדו
Banane	בננה
Beere	יער
Birne	אגס
Grapefruit	אשכולית
Himbeere	פטל
Kirsche	דובדבן
Kiwi	קיווי
Kokosnuss	קוקוס
Melone	מלון
Nektarine	נקטרינה
Orange	כתום
Papaya	פפאיה
Pfirsich	אפרסק
Pflaume	שזיף
Traube	גפן
Zitrone	לימון

Ozean
אוקיינוס

Aal	צלופח
Auster	צדפה
Boot	סירה
Delfin	דולפין
Fisch	דג
Garnele	שרימפס
Gezeiten	גאות ושפל
Hai	כריש
Koralle	אלמוג
Krabbe	סרטן
Krake	תמנון
Qualle	מדוזה
Riff	שונית
Salz	מלח
Schildkröte	צב
Schwamm	ספוג
Sturm	סערה
Thunfisch	טונה
Wal	לוויתן
Wellen	גלים

Pflanzen
צמחים

Bambus	במבוק
Baum	עץ
Beere	ירב
Blatt	עלה
Blume	פרח
Blütenblatt	עלי כותרת
Bohne	שעועית
Botanik	בוטניקה
Busch	שוב
Dünger	דשן
Efeu	קיסוס
Garten	גן
Gras	דשא
Kaktus	קקטוס
Laub	ע.ל.ה
Moos	טחב
Sonne	שמש
Vegetation	צמחיה
Wald	יער
Wurzel	שרש

Physik
הקיזיפ

Atom	םוטא
Beschleunigung	הצואת
Chaos	סואכ
Chemisch	ימיכ
Dichte	תופיפצ
Elektron	ןורטקלא
Experiment	יוסינ
Formel	החסונ
Frequenz	תורידת
Gas	זג
Geschwindigkeit	תוריהמ
Magnetismus	תויטנגמ
Masse	הסמ
Mechanik	הקינכמ
Molekül	הלוקלומ
Motor	עונמ
Nuklear	יניערג
Partikel	קיקלח
Relativität	תוסחי
Universal	ילסרבינוא

Regierung
הלשממה

Demokratie	היטרקומד
Denkmal	הטרדנא
Diskussion	ןויד
Dissens	תודגנתה
Freiheit	תוריח
Friedlich	וילש
Gerechtigkeit	קדצ
Gesetz	קוח
Gleichheit	ןוויוש
Justiziell	יטופיש
Nation	המוא
National	ימואל
Politik	הקיטילופ
Rechte	תויוכז
Rede	רוביד
Staat	הנידמ
Symbol	למס
Unabhängigkeit	תואמצע
Verfassung	הקוח
Zivil	יחרזא

Restaurant #2
םדעסמ #2

Abendessen	ברע תחורא
Eier	םיציב
Eis	חרק
Fisch	גד
Frucht	תוריפ
Gabel	גלזמ
Gemüse	תוקרי
Gewürze	םינילבת
Kellner	רצלמ
Köstlich	םיעט
Kuchen	הגועה
Löffel	ףכ
Mittagessen	םיירהצ תחורא
Nudeln	תויטירטא
Salat	טלס
Salz	חלמ
Stuhl	אסיכ
Suppe	קרמ
Vorspeise	ןבאתמ
Wasser	םימ

Säugetiere
םיקנוי

Affe	ףוק
Bär	בוד
Biber	הנוב
Elefant	ליפ
Fuchs	לעוש
Giraffe	הפר'ג
Gorilla	הלירוג
Hund	בלכ
Känguru	ורוגנק
Kojote	תוברע באז
Löwe	הירא
Panther	רתנפ
Pferd	סוס
Ratte	שורבכע
Schaf	םישבכ
Stier	רוש
Tiger	רמנ
Wal	ןתיוול
Wolf	באז
Zebra	הרבז

Schach
טמחש

Champion	ףולא
Diagonal	ןוסכלא
Gegner	ביריי
König	ךלמ
Königin	הכלמ
Lernen	דומלל
Opfer	הברקה
Passiv	יביספ
Punkte	תודוקנ
Regeln	םיללכ
Schwarz	רוחש
Spiel	קחשמ
Spieler	ןקחש
Strategie	היגטרטסא
Turnier	רינרוט
Weiss	ןבל
Wettbewerb	תורחת
Zeit	ןמז

Schokolade
דלוקוש

Antioxidans	ןוצמח דגונ
Bitter	רירמ
Erdnüsse	םינטוב
Essen	לוכאל
Exotisch	יטוזקא
Favorit	בוהא
Geschmack	םעט
Kakao	ואקק
Kalorien	תוירולק
Karamell	למרק
Kokosnuss	סוקוק
Köstlich	םיעט
Pulver	הקבא
Qualität	תוכיא
Rezept	ןוכתמ
Süss	קותמ
Verlangen	תוקקותשה
Zucker	רכוס
Zutat	ביכרמ

Schönheit

יופי

Charme	קסם
Dienstleistungen	שירותים
Duft	ניחוח
Elegant	אלגנטי
Eleganz	אלגנטיות
Farbe	צבע
Fotogen	פוטוגני
Glatt	חלק
Haut	עור
Kosmetik	קוסמטיקה
Lippenstift	שפתון
Locken	תלתלים
Öle	שמנים
Produkte	מוצרים
Schere	מספריים
Shampoo	שמפו
Spiegel	מראה
Stylist	מעצב
Wimperntusche	מסקרה

Science Fiction

מדע בדיוני

Bücher	ספרים
Chemikalien	כימיקלים
Dystopie	דיסטופיה
Explosion	פיצוץ
Extrem	קיצוני
Fantastisch	פנטסטי
Feuer	אש
Futuristisch	עתידני
Galaxie	גלקסיה
Geheimnisvoll	מסתורי
Illusion	אשליה
Imaginär	דמיוני
Kino	קולנוע
Orakel	אורקל
Planet	כוכב לכת
Roboter	רובוטים
Szenario	תרחיש
Technologie	טכנולוגיה
Utopie	אוטופיה
Welt	עולם

Sport

ספורט

Athlet	ספורטאי
Ausdauer	סיבולת
Diät	דיאטה
Ernährung	תזונה
Fähigkeit	יכולת
Gesundheit	בריאות
Joggen	ריצה
Kardiovaskulär	לב וכלי דם
Knochen	עצמות
Körper	גוף
Maximieren	למקסם
Metabolisch	מטבולי
Muskel	שרירים
Programm	תכנית
Schwimmen	לשחות
Sport	ספורט
Stärke	כוח
Tanzen	ריקוד
Trainer	מאמן
Ziel	מטרה

Stadt

העיר

Apotheke	בית מרקחת
Bank	בנק
Bäckerei	מאפייה
Bibliothek	ספריה
Blumenhändler	פרחים
Buchhandlung	חנות ספרים
Flughafen	שדה תעופה
Galerie	גלריה
Hotel	מלון
Kino	קולנוע
Klinik	מרפאה
Markt	שוק
Museum	מוזיאון
Restaurant	מסעדה
Schule	בית ספר
Stadion	אצטדיון
Supermarkt	סופרמרקט
Theater	תיאטרון
Universität	אוניברסיטה
Zoo	גן חיות

Strand

חוף

Blau	כחול
Boot	סירה
Dock	עגן
Handtuch	מגבת
Insel	אי
Krabbe	סרטן
Küste	חוף
Lagune	לגונה
Meer	ים
Ozean	אוקיינוס
Regenschirm	מטריה
Riff	שונית
Sand	חול
Sandalen	סנדלים
Schwimmen	לשחות
Segelboot	מפרשית
Sonne	שמש
Urlaub	חופשה

Tage und Monate

ימים וחודשים

August	אוגוסט
Dezember	דצמבר
Dienstag	יום שלישי
Donnerstag	יום חמישי
Februar	פברואר
Freitag	יום שישי
Jahr	שנה
Januar	ינואר
Juli	יולי
Juni	יוני
Kalender	לוח שנה
Mittwoch	יום רביעי
Monat	חודש
Montag	יום שני
November	נובמבר
Oktober	אוקטובר
Samstag	יום שבת
September	ספטמבר
Sonntag	יום ראשון
Woche	שבוע

Technologie
טכנולוגיה

Bildschirm	מסך
Blog	בלוג
Browser	דפדפן
Bytes	בתים
Computer	מחשב
Cursor	סמן
Datei	קובץ
Daten	נתונים
Digital	דיגיטלי
Forschung	מחקר
Internet	אינטרנט
Kamera	מצלמה
Nachricht	הודעה
Schriftart	גופן
Sicherheit	ביטחון
Software	תוכנה
Statistik	סטטיסטיקה
Virtuell	וירטואלי
Virus	נגיף

Universum
יקום

Asteroid	אסטרואיד
Astronom	אסטרונום
Astronomie	אסטרונומיה
Atmosphäre	אווירה
Äon	נֶצַח
Äquator	קו המשווה
Breite	קו רוחב
Dunkelheit	חושך
Galaxie	גלקסיה
Hemisphäre	המיספרה
Himmel	רקיע
Horizont	אופק
Kosmisch	קוסמי
Längengrad	אורך
Mond	ירח
Orbit	מסלול
Sichtbar	גלוי
Sonnenwende	היפוך
Teleskop	טלסקופ
Tierkreis	גלגל המזלות

Urlaub #2
נופש #2

Ausländer	זר
Berge	הרים
Camping	קמפינג
Flughafen	שדה תעופה
Freizeit	פנאי
Hotel	מלון
Insel	אי
Karte	מפה
Meer	ים
Pass	דרכון
Reise	מסע
Restaurant	מסעדה
Strand	חוף
Taxi	מונית
Transport	תחבורה
Urlaub	חג
Visum	ויזה
Zelt	אוהל
Ziel	יעד
Zug	רכבת

Vögel
ציפורים

Adler	נשר
Ei	ביצה
Ente	ברווז
Eule	ינשוף
Flamingo	פלמינגו
Gans	אווז
Huhn	עוף
Krähe	עורב
Kuckuck	קוקייה
Möwe	שחף
Papagei	תוכי
Pelikan	שקנאי
Pfau	טווס
Pinguin	פינגווין
Reiher	אנפה
Schwan	ברבור
Spatz	דרור
Storch	חסידה
Taube	יונה
Toucan	טוקאן

Wandern
טיולים רגליים

Berg	הר
Camping	קמפינג
Führer	מדריכים
Gefahren	סכנות
Gipfel	פסגה
Karte	מפה
Klima	אקלים
Klippe	צוק
Müde	עייף
Natur	טבע
Orientierung	נטייה
Schwer	כבד
Sonne	שמש
Steine	אבנים
Stiefel	מגפיים
Tiere	חיות
Vorbereitung	הכנה
Wasser	מים
Wetter	מזג אוויר
Wild	פראי

Wetter
מזג אוויר

Atmosphäre	אווירה
Blitz	ברק
Brise	רוּחַ
Donner	רעם
Dürre	בצורת
Eis	קרח
Himmel	רקיע
Hurrikan	הוריקן
Klima	אקלים
Monsun	מונסון
Nebel	ערפל
Polar	הקוטב
Regenbogen	קשת
Sturm	סערה
Temperatur	טמפרטורה
Tornado	טורנדו
Trocken	יבש
Tropisch	טרופי
Wind	רוח
Wolke	ענן

Wissenschaft
עדמ

Atom	םוטא
Chemisch	ימיכ
Daten	םינותנ
Evolution	היצולובא
Experiment	יוסינ
Fossil	ןבואמ
Hypothese	החנה
Klima	םילקא
Labor	הדבעמ
Methode	הטיש
Mineralien	םילרנימ
Moleküle	תולוקלומ
Natur	עבט
Organismus	םזינגרוא
Partikel	םיקיקלח
Pflanzen	םיחמצ
Physik	הקיזיפ
Tatsache	הדבוע
Wissenschaftler	ןעדמ

Wissenschaftliche Disziplinen
תויעדמ תוניליפיצסיד

Anatomie	הימוטנא
Archäologie	היגולואכרא
Astronomie	הימונורטסא
Biochemie	הימיכויב
Biologie	היגולויב
Botanik	הקינטוב
Chemie	הימיכ
Geologie	היגולואיג
Immunologie	היגולונומיא
Kinesiologie	היגולויסניק
Linguistik	תונשלב
Mechanik	הקינכמ
Mineralogie	היגולרנימ
Neurologie	היגולוריונ
Ökologie	היגולוקא
Physiologie	היגולויזיפ
Psychologie	היגולוכיספ
Soziologie	היגולויצוס
Thermodynamik	הקימנידומרת
Zoologie	היגולואוז

Zahlen
םירפסמ

Acht	הנומש
Achtzehn	רשע הנומש
Dezimal	ינורשע
Drei	שולש
Dreizehn	הרשע שולש
Fünf	שמח
Fünfzehn	רשע השימח
Neun	עשת
Neunzehn	הרשע עשת
Null	ספא
Sechs	שש
Sechzehn	הרשע שש
Sieben	עבש
Siebzehn	הרשע עבש
Vier	עברא
Vierzehn	רשע העברא
Zehn	רשע
Zwanzig	םירשע
Zwei	םייתש
Zwölf	רשע םינש

Zeit
ןמז

Gestern	לומתא
Heute	םויה
Jahr	הנש
Jahrhundert	האמ
Jahrzehnt	רושע
Jährlich	יתנש
Jetzt	וישכע
Kalender	הנש חול
Minute	הקד
Mittag	םיירהצ
Monat	שדוח
Morgen	רקוב
Nach	רחאל
Nacht	הליל
Stunde	העש
Tag	םוי
Uhr	ןועש
Vor	ינפל
Woche	עובש
Zukunft	דיתע

Gratuliere

Sie haben es geschafft !!

Wir hoffen, dass euch dieses Buch genauso viel Spaß gemacht hat wie uns dessen Herstellung. Wir tun unser Bestes, um qualitativ hochwertige Spiele zu erfinden. Diese Rätsel sind auf eine clevere Art und Weise entworfen, damit sie aktiv lernen und daran Vergnügen finden.

Hat ihnen das Buch gefallen ?

Eine einfache Bitte

Unsere Bücher existieren dank der Rezensionen, die sie veröffentlichen. Können sie uns helfen indem sie jetzt eine Meinung hinterlassen ?

Hier ist ein kurzer Link, der Sie zu ihrer Bewertungsseite führt

BestBooksActivity.com/Rezension50

MONSTER HERAUSFÖRDERUNGEN !

Herausförderung 1

Bereit für ihr Bonusspiel? Wir verwenden sie ständig, aber sie sind nicht einfach zu finden. Es sind die **Synonyme** !

Notieren sie 5 Wörter, die sie in den untenstehenden Rätseln (Nummer 21, 36 und 76) entdeckt haben und versuchen sie für jedes Wort 2 Synonyme zu finden .

Notieren sie 5 Wörter aus *Rätsel 21*

Wörter	Synonym 1	Synonym 2

Notieren sie 5 Wörter aus *Rätsel 36*

Wörter	Synonym 1	Synonym 2

Notieren sie 5 Wörter aus *Rätsel 76*

Wörter	Synonym 1	Synonym 2

Herausförderung 2

Jetzt, wo sie warm sind, notieren sie 5 Wörter, die sie in jedem der untenaufgeführten Rätseln entdeckt haben (Nummer 9, 17 und 25) und versuchen sie für jedes Wort 2 Antonyme zu finden. Wie viele davon können sie binnen 20 Minuten finden ?

Notieren sie 5 Wörter aus **Rätsel 9**

Wörter	Antonym 1	Antonym 2

Notieren sie 5 Wörter aus **Rätsel 17**

Wörter	Antonym 1	Antonym 2

Notieren sie 5 Wörter aus **Rätsel 25**

Wörter	Antonym 1	Antonym 2

Herausförderung 3

Wunderbar, diese Monster Herausförderung  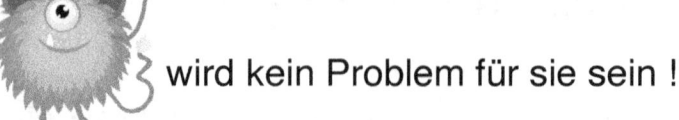 wird kein Problem für sie sein !

Bereit für die letzte Herausförderung? Wählen sie ihre 10 Lieblingswörter aus, die sie in einem Rätsel entdeckt haben und notieren sie sie unten.

1.	6.
2.	7.
3.	8.
4.	9.
5.	10.

Die Aufgabe besteht nun darin mit diesen Wörtern und in maximal sechs Sätzen einen Text herzustellen über eine Person, ein Tier oder ein Ort den sie lieben !

Tipp : sie können die letzten leeren Seiten dieses Buches als Entwurf verwenden

Ihr Schreiben :

NOTIZBUCH :

AUF BALDIGES WIEDERSEHEN !

Linguas Classics